JN495114

金剛般若波羅密經

불갑사 전일암 석가모니불

금강반야바라밀경

복덕 갖춘

고귀한

반야바라밀에

귀의합니다.

Vajraccedikā Prajñāpāramitā Sūtra

Namo Bhagavatyai Āryaprjñāpāramitāyai

송경의식 誦經儀式

개 경 게 (開經偈 : 경전을 펼치는 게송)

위없이도 깊고 깊은 미묘한 법

백천만겁 만나 뵙기 어렵거늘

제가 이제 보고 들어 지니오니

부처님의 진실한 뜻 알아지어다.

개법장진언 (開法藏眞言 : 진리의 창고를 여는 진언)

옴 아라남 아라다 (3번)

금강반야바라밀경

조계후학 각운 석봉곡 우리말번역

1.

이와 같이 나는 들었다.

한 때에 부처님께서 사위국(舍衛國)의 기수급고독원(祇樹給孤獨園)에서 천이백오십 명의 훌륭한 비구들과 함께 하셨나니,

때는 이른 아침 탁발할 시간에 세상에서 가장 존귀하신 그분께서 가사를 걸치시고, 발우(鉢盂)를 지니고서 사위(舍衛)의 큰 성안으로 들어가셨나이다.

그리고선 차례로 밥을 빌어, 본래의 처소로 돌아오셔, 진지를 잡수시고, 가사와 발우를 거두신 뒤, 발을 씻고는 자리를 펴고 앉으시거늘.

2.

바로 그때, 대중과 함께 있던 장로(長老)인 수보리가 자리에서 일어나 오른쪽 어깨를 내보이고, 오른쪽 무릎을 땅에 꿇고서 공경히 합장하여 부처님께 사뢰기를:

"드물고도 경이로운 일이옵니다. 세존이시여!

여래께선 모든 보살들을 잘 감싸주시고, 꼼꼼히 보살피시며, 낱낱이 잘도 부탁하여 위촉하시니, 세존이시여!

선남자 선여인이 '최상의 완전한 깨달음' 의 마음을 일으킨 자는 마땅히 어떻게 머무르고, 어떻게 그 마음을 항복받아야 하옵나이까?"

부처님께서 이르시길:

"훌륭하고도 훌륭하구나. 수보리여!

그대의 말과 같이 여래는 모든 보살들을 잘 감싸

주고, 꼼꼼히 보살피며, 낱낱이 잘 부탁하여 위촉하나니 그대는 온 마음을 기울여 자세히 들을지어다. 당연히 그대를 위하여 설하겠노라.

선남자 선여인이 '최상의 완전한 깨달음'의 마음을 일으킨 자는 마땅히 이와 같이 머무르고, 이와 같이 그 마음을 항복받을지어다."

"알겠사옵니다. 세존이시여! 즐거이 듣기를 원하옵니다."

3.

부처님께서 수보리에게 이르시길:

"모든 위대한 보살들은 마땅히 이와 같이 그 마음을 항복 받을지니 '존재하는 모든 중생의 종류인 — 알에서 · 모태에서 · 습기에서 · 홀연히 태어난 것들, 형체가 있는 것 · 형체가 없는 것들, 생각이 있는 것 · 생각이 없는 것 · 생각이 있다고도 없다고도 말할 수 없는 — 이러한 모든 존재들을 내가 다 완전한 열반(無餘涅槃)에 들도록 제도(濟度)하리라.' 하여,

이렇듯 헤아릴 수 없고, 셀 수도 없이 끝없는 중생들을 제도하되 실제로는 열반(涅槃)을 얻은 중생은 아무도 없다고 여길지니 어인 까닭인고?

수보리여! 만약에 보살이 나(我)라는 관념 · 인간이라는 관념 · 중생이라는 관념 · 영혼이라는 관념이 있다면 그는 진정한 보살이 아니기 때문이니라."

4.

"그리고 또한, 수보리여! 보살은 마땅히 어떠한 대상에도 머무는 바 없이 보시(布施)를 행해야 하느니라.

이른바 형체에 머물지 않고 보시하며, 소리나 냄새 · 맛과 촉감, 그리고 의식의 대상에 머물지 않고 보시하는 것이다.

수보리여! 보살이라면 이렇듯 마땅히 어떠한 관념에도 머물지 않고 보시해야 하나니 어인 까닭인고?

만약에 보살이 어떠한 관념에도 머물지 않고 보시한다면 그 복덕(福德)은 생각으로 헤아릴 수 없기 때문이니라.

수보리여! 그대의 생각은 어떠한고? 동방 허공을 생각으로 헤아릴 수 있겠느뇨?"

"아니옵니다. 세존이시여!"

"수보리여! 나머지 남 · 서 · 북방과 중간의 네 군데, 그리고 위아래의 허공을 생각으로 헤아릴 수 있겠느뇨?"

"아니옵니다. 세존이시여!"

"수보리여! 어떠한 관념에도 머물지 않고 보시한 보살의 복덕도 또한 이와 같이 생각으로 헤아릴 수 없나니,

수보리여! 보살은 마땅히 이러한 가르침대로 머물러야 하느니라."

5.

"수보리여! 그대의 생각은 어떠한고? 서른두 가지 거룩한 모습이 여래라고 볼 수 있겠느뇨?"

"아니옵니다. 세존이시여! 서른두 가지 거룩한 모습이 여래라고 볼 수 없나니, 왜냐하면 여래께서 말씀하신 거룩한 모습은 곧 거룩한 모습이 아니기 때문이옵니다."

부처님께서 수보리에게 이르시되:

"존재하는 온갖 형상이여,

이 모두가 허망하나니

형상이 형상 아님을 꿰뚫어 볼진대

곧바로 여래를 보는 것이로다."

6.

수보리가 부처님께 여쭙기를:

"세존이시여! 많고도 많은 중생들이 이와 같은 말씀의 가르침을 듣고서, 과연 참된 믿음을 낼 수 있사오리까?"

부처님께서 수보리에게 이르시길:

"그런 말은 하지 말지어다. 여래가 열반에 든 지 오백년씩 맨 뒤인 다섯 번째일지라도, 온전히 계율을 지키며 복을 닦는 사람은 능히 이 가르침에 믿는 마음을 내어 참되게 받아들일 것이니 분명히 알지어다.

이 사람은 한 부처님, 두 부처님, 서너 다섯 부처님께 착한 씨앗을 심었을 뿐만 아니라, 이미 헤아릴 수 없는 천만의 부처님 계신 곳에서 온갖 착한 씨앗을 심었으니, 그렇기에 이 가르침을 듣고서 한 생각에 벌써 맑고 깨끗한 믿음을 낼 수 있느니라.

수보리여! 여래는 그 모든 걸 알고 다 보나니 저 모든 중생들이 이토록 헤아릴 수 없는 복덕을 얻을 것이리니,

왜냐하면 저 모든 중생들은 다시는 나(我)라는 관념·인간이라는 관념·중생이라는 관념·영혼이라는 관념이 없으며 더 나아가 진리다, 진리가 아니다는 관념마저도 사라졌기 때문이니 어인 까닭인고?

만약에 저 모든 중생들이 무언가 마음에 취하는

것이 있다면 그것은 벌써 나 · 인간 · 중생 · 영혼이라는 관념의 덫에 걸리는 것이니라.

혹여 진리라는 관념을 취한다 해도 곧바로 나·인간·중생·영혼이라는 관념의 덫에 걸리는 것이니,

왜냐하면 만약에 진리가 아니다는 관념을 취하여도 마찬가지로 나 · 인간 · 중생 · 영혼이라는 관념의 덫에 걸리기 때문이다.

그렇기에 마땅히 진리를 취하지도 말며, 진리가 아닌 것도 취하지 말지니라.

이러한 뜻으로 여래가 '그대들 비구여, 나의 설법이 뗏목의 비유와 같은 줄 아는 자라면 진리도 오히려 버려야 하거늘 하물며 진리가 아님이랴!' 라고 항상 설하였느니라."

7.

"수보리여! 그대의 생각은 어떠한고? 여래가 최상의 완전한 깨달음을 얻었느뇨? 여래가 설한 바 법이 있느뇨?"

수보리가 사뢰기를:

"제가 부처님께서 말씀하신 뜻을 이해하기로는 최상의 완전한 깨달음이라 부를만한 그 어떤 고정된 법이 없으며, 또한 여래께서 설하신 그 어떤 고정된 법도 없나이다.

왜냐하면 여래께서 설하신 법은 모두가 취할 수도 없고 설명할 수도 없으며, 법도 아니고 법이 아닌 것도 아니기 때문이오니,

어찌 그런가 하오면 그 모든 현인(賢人)과 성인(聖人)들은 모두가 '함이 없는 법(無爲法)' 으로만 차별지을수 있기 때문이옵니다."

8.

“수보리여! 그대의 생각은 어떠한고? 만약에 어떤 사람이 저 드넓은 온 우주에 일곱 가지 보배를 가득 채워 보시한다면, 그가 얻을 복덕이 정녕 많다 하겠느뇨?”

수보리가 사뢰기를:

“매우 많겠나이다. 세존이시여! 왜냐하면 이 복덕이라는 것이 참된 복덕이 아니므로, 그렇기에 여래께선 복덕이 많다고 말씀하시나이다.”

“이제 또 다른 어떤 사람이 이 경 가운데 네 구절의 게송만이라도 마음에 새겨 지니고서 남을 위하여 설해준다면, 그 복은 보배의 보시보다 훨씬 더 뛰어날 것이니 어인 까닭인고?

수보리여! 모든 부처님과 그 부처님들의 최상의 완전한 깨달음의 진리가 다 이 경에서 나오기 때문이다.

수보리여! 이른바 불법(佛法)이라는 것이 곧 불법(佛法)이 아니니라."

9.

"수보리여! 그대의 생각은 어떠한고? 수다원이 '나는 수다원의 경지를 얻었다.'는 생각을 내겠느뇨?"

수보리가 사뢰기를:

"아니옵니다. 세존이시여! 왜냐하면 수다원이란 말은 그 뜻이 '성인의 흐름에 들어간 자'이지만, 실제로는 들어간 곳이 없으니 형체나, 소리 · 냄새 · 맛과 촉감, 그리고 의식의 대상에 빠져들지 않기 때문에 수다원이라 부르나이다."

"수보리여! 그대의 생각은 어떠한고? 사다함이

'나는 사다함의 경지를 얻었다.' 는 생각을 내겠느뇨?"

수보리가 사뢰기를:

"아니옵니다. 세존이시여! 왜냐하면 사다함이란 말은 그 뜻이 '한번 왔다 가는 자' 이지만, 실제로는 오고 감이 없기 때문에 사다함이라 부르나이다."

"수보리여! 그대의 생각은 어떠한고? 아나함이 '나는 아나함의 경지를 얻었다.' 는 생각을 내겠느뇨?"

수보리가 사뢰기를:

"아니옵니다. 세존이시여! 왜냐하면 아나함이란 말은 그 뜻이 '다시는 오지 않는 자' 이지만, 실제로는 온다는 개념마저도 없기 때문에 아나함이라 부르나이다."

"수보리여! 그대의 생각은 어떠한고? 아라한이 '나는 아라한의 도를 얻었다.' 는 생각을 내겠느뇨?"

수보리가 사뢰기를:

"아니옵니다. 세존이시여! 왜냐하면 실제로는 아라한이라 부를만한 그 어떠한 법도 없기 때문이옵니다.

세존이시여! 만약에 아라한이 '나는 아라한의 도를 얻었다.' 는 생각을 낸다면 곧바로 나 · 인간 · 중생 · 영혼이라는 관념에 빠진 것이옵니다.

세존이시여! 부처님께서 제가 다툼 없는 삼매를 얻은 사람 가운데 가장 으뜸이어서 욕심을 떠난 최고의 아라한이라 말씀하시지만, 저는 추호도 '나는 욕심을 떠난 아라한이다.' 는 생각을 하지 않사옵니다.

세존이시여! 만약에 제가 아라한의 도를 얻었다는 생각을 내었다면, 세존께서는 수보리야말로 '고요히 다툼 없는 행을 즐기는 자' 라고 말씀하지 않으셨겠지만, 수보리가 실제로는 행하는 바가 없기 때문에 수보리를 '고요히 다툼 없는 행을 즐기는 자' 라고 부르는 것이옵니다."

10.

부처님께서 수보리에게 이르시길:

"그대의 생각은 어떠한고? 그 옛날 여래가 연등부처님 계신 곳에서 그 어떠한 법이라도 얻은 바가 있었느뇨?"

"세존이시여! 여래께서 연등부처님 계신 곳에서 진실로 그 어떠한 법도 얻은 바가 없었나이다."

"수보리여! 그대의 생각은 어떠한고? 보살이 부

처님국토를 장엄하여 꾸민다 할 수 있겠느뇨?”

“아니옵니다. 세존이시여! 왜냐하면 부처님국토를 장엄하여 꾸민다는 것은 곧 장엄하여 꾸미는 것이 아니기에, 장엄하여 꾸민다고 부르는 것이옵니다.”

“수보리여! 그렇기에 모든 위대한 보살들은 마땅히 이와 같이 맑고 깨끗한 마음을 내어야 하느니라.

결코 형체에 머물지 말고 마음을 낼 것이며, 소리나 냄새 · 맛과 촉감, 그리고 의식의 대상에 머물지 말고 마음을 낼지니 마땅히 머무는 바 없이 그 마음을 낼지어다.

수보리여! 비유컨대 어떤 사람의 몸이 수미산만 하다면 그대의 생각은 어떠한고? 이 사람의 몸이 크다 하겠느뇨?”

수보리가 사뢰기를:

“매우 크옵니다. 세존이시여!

왜냐하면 부처님께서 말씀하신 뜻은 몸이 아니기에, 큰 몸이라 부르는 것이옵니다."

11.

"수보리여! 저 갠지스강의 모래알 숫자만큼 많은 숫자의 갠지스강이 있다고 하자. 그대의 생각은 어떠한고?

그러한 모든 갠지스강들의 모래가 정녕 많다 하겠느뇨?"

수보리가 사뢰기를:

"매우 많사옵니다. 세존이시여! 단지 모래알만큼의 갠지스강도 수없이 많사온데, 하물며 그 강들의 모래알들이겠나이까?"

"수보리여! 내가 지금 그대에게 진실로 묻노니, 만약에 어떤 선남자 선여인이 그러한 갠지스강의 모래알만큼 많은, 저 드넓은 온 우주에 일곱 가지 보배를 가득 채워 보시한다면 그 사람의 얻을 복이 많다 하겠느뇨?"

수보리가 사뢰기를:

"매우 많사옵니다. 세존이시여!"

부처님께서 수보리에게 이르시길:

"만약에 선남자 선여인이 이 경 가운데 네 구절의 게송만이라도 마음에 새겨 지니고서 남을 위하여 설해준다면, 이 사람의 복덕이 저 보배를 보시한 복덕보다 훨씬 더 뛰어나니라."

12.

"그리고 또한, 수보리여! 이 경을 따라 네 구절의 게송만이라도 설명하는 자리가 있다면 분명히 알지니,

그곳은 모든 천상의 신들과 인간 · 아수라 등이 다 기꺼이 공양하기를 마치 사리를 모신 탑(佛塔)이 있는 곳처럼 하리니, 하물며 어떤 사람이 전체를 마음에 새겨 지니고서 읽고 외움이겠는가?

수보리여! 분명히 알지어다.

이 사람은 최상의 으뜸가고 보기 드문 가르침을 성취할 것이며, 또한 이 경전이 있는 곳은 곧바로 부처님과 그의 덕망 높은 제자들이 있는 것과 같다는 것을."

13.

그때에, 수보리가 부처님께 여쭙기를:

"세상에서 가장 존귀하신 분이시여!

이 경의 이름을 마땅히 어떻게 불러야 하오며, 저희들이 어떻게 받들어 지니오리까?"

부처님께서 수보리에게 이르시길:

"이 경의 이름은 '금강반야바라밀' 이라 하나니, 그대들은 반드시 이 이름처럼 그대로 받들어 지닐지어다.

어찌 그런가 하오면 수보리여!

여래가 말하는 '반야바라밀' 은 곧 '반야바라밀' 이 아니기 때문이니라.

수보리여! 그대의 생각은 어떠한고? 여래가 설한 바 그 어떠한 법이라도 있느뇨?"

수보리가 부처님께 사뢰기를:

"세존이시여! 여래께선 설하신 바가 없사옵니다."

"수보리여! 그대의 생각은 어떠한고? 저 드넓은 온 세계에 있는 티끌이 많다 하겠느뇨?"

수보리가 사뢰기를:

"매우 많사옵니다. 세존이시여!"

"수보리여! 여래는 모든 티끌을 티끌이 아니라고 설하나니 그렇기에 티끌이라 부르며,

마찬가지로 여래는 세계도 세계가 아니라고 설하나니 그렇기에 세계라 부르느니라.

수보리여! 그대의 생각은 어떠한고? 서른두 가지 거룩한 모습이 여래라고 볼 수 있겠느뇨?"

"아니옵니다. 세존이시여!

서른두 가지 거룩한 모습이 여래라고 볼 수 없나니, 왜냐하면 여래께서 말씀하신 서른두 가지 거룩한 모습은 곧 모습이 아니오니,

그렇기에 서른두 가지 거룩한 모습이라 부르나이다."

"수보리여! 만약에 어떤 선남자 선여인이 갠지스강의 모래알만큼 많은, 자신의 목숨을 바쳐 보시한

다고 하자.

이제 또 다른 어떤 사람이 이 경 가운데 네 구절의 게송만이라도 마음에 새겨 지니고서 남을 위하여 설해준다면, 그 복이 훨씬 더 많으니라."

14.

그때에 수보리가 이 경 설하심을 듣자옵고, 그 뜻을 깊이 이해하여 법열(法悅)의 눈물을 흘리면서 흐느껴 부처님께 사뢰기를:

"드물고도 경이로운 일이옵니다. 세존이시여!

부처님께서 이처럼 매우 심오한 뜻이 담긴 경전을 말씀하시다니, 제가 옛적에 얻은 지혜의 눈으로는 일찍이 이와 같은 경은 들어보지를 못했나이다.

세존이시여! 만약에 어떤 사람이 이 경을 듣고서 그 믿음이 맑고 깨끗하다면, 곧바로 존재의 참모습

(實相)을 깨닫게 될 것이니, 분명히 이 사람은 으뜸가고 보기 드문 공덕을 성취할 것이옵니다.

세존이시여! 이 존재의 참모습이라는 것이 어떠한 모습이 있어서가 아니니, 이러한 까닭에 여래께서 존재의 참모습이라 설하시나이다.

세존이시여! 제가 지금 이와 같은 경전을 듣고서 믿고 이해하여 마음에 새겨 지니는 것은 어렵지 않사오나,

만약에 다가올 오백년씩 맨 뒤인 다섯 번째 세상의 어떤 중생이 이 경을 듣고서 믿고 이해하여 마음에 새겨 지닌다면, 이 사람이야말로 참으로 으뜸가고 보기 드문 사람이라 하겠나이다.

왜냐하면 이 사람은 나(我)라는 관념 · 인간이라는 관념 · 중생이라는 관념 · 영혼이라는 관념이 없기 때문이니,

어찌 그런가 하오면 나(我)라는 관념 또한 관념이랄 수 없고, 인간이라는 관념 · 중생이라는 관념 · 영혼이라는 관념도 역시 관념이랄 수 없기 때문이옵니다.

왜냐하면 모든 관념에서 벗어난 자! 그분들을 통틀어서 부처님이라 부르기 때문이옵니다."

부처님께서 수보리에게 이르시길:

"그러하고 그러하니라. 이제 또 다른 어떤 사람이 이 경을 듣고서, 놀라거나 겁먹고 떨리지도 않는다면 분명히 알지니, 그는 매우 보기 드문 사람이라는 것을.

어인 까닭인고? 수보리여! 여래가 말하는 '최고의 바라밀'은 '최고의 바라밀'이 아니기에 '최고의 바라밀'이라 부르는 것이니라.

수보리여! '인욕바라밀'도 여래는 '인욕바라밀'

이 아니라고 설하나니,

왜냐하면 수보리여! 그 옛날 내가 가리왕(歌利王)에게 온몸이 베이고 찢길 적과 같으니, 나는 그때에 나(我)라는 관념 · 인간이라는 관념 · 중생이라는 관념 · 영혼이라는 관념이 없었나니 어인 까닭인고?

내가 그 옛날 갈기갈기 찢길 적에, 만약에 나(我)라는 관념 · 인간이라는 관념 · 중생이라는 관념 · 영혼이라는 관념이 있었다면, 분명히 분하고 억울한 생각을 품었을 것이니라.

수보리여! 또한 기억하노니 과거 오백 생 동안에 나는 욕됨을 참는 수행자였는데, 그때에도 나(我)라는 관념 · 인간이라는 관념 · 중생이라는 관념 · 영혼이라는 관념이 없었느니라.

그렇기에 수보리여! 보살은 마땅히 모든 관념

에서 벗어나, 최상의 완전한 깨달음의 마음을 일으킬지어다.

결코 형체에 머물지 말고 마음을 낼 것이며, 소리나 냄새 · 맛과 촉감, 그리고 의식의 대상에 머물지 말고 마음을 낼지니, 마땅히 그 무엇에도 머물지 말고 마음을 내어야 하느니라.

만약에 마음이 그 무엇에 머문다면 그것은 참된 머묾이랄 수 없나니, 이러한 까닭에 여래는 '보살일진대 그 마음이 형체에 머물지 말고 보시해야한다.' 고 설하느니라.

수보리여! 보살은 반드시 모든 중생의 이익을 위하여 이와 같이 보시할지어다.

여래는 그 모든 관념을 관념이 아니라고 설하며, 또한 그 모든 중생도 중생이 아니라고 설하느니라.

수보리여! 여래는 참된 말을 하는 자요, 실다운

말을 하는 자이며, 있는 그대로 말하는 자요, 속이는 말을 하지 않는 자이며, 사실과 다른 말을 하지 않는 자이니,

수보리여! 여래가 얻은 진리, 그것은 진실한 것도, 허망한 것도 아니니라.

수보리여! 만약에 보살의 마음이 그 어떤 대상에 머물러서 보시를 행한다면 그것은 마치 캄캄한 어둠 속에서 아무것도 보지 못하는 것과 같고,

반면에 보살의 마음이 그 어떤 대상에도 머물지 않고 보시를 행한다면 밝은 태양 아래 눈 있는 자가 모든 사물을 환히 보는 것과 같으니라.

수보리여! 만약에 다가오는 세상에 어떤 선남자 선여인이 능히 이 경전을 마음에 새겨 지니고서 읽고 외운다면 곧바로 여래가 깨달은 자의 지혜로써 이 사람을 다 알고 다 보리니,

모두가 헤아릴 수 없고 끝이 없는 공덕을 성취할 것이니라."

15.

"수보리여! 만약에 어떤 선남자 선여인이 아침나절에 갠지스강의 모래알만큼 많은 몸을 바쳐 보시를 행하고,

한낮에도 다시금 갠지스강의 모래알만큼 많은 몸을 바쳐 보시를 행하며,

또다시 저녁나절에 갠지스강의 모래알만큼 많은 몸을 바쳐 보시를 행하되,

이토록 헤아릴 수 없는 백 천만억겁 동안 몸을 바쳐 보시한다 할지라도,

이제 또 다른 어떤 사람이 이 경전을 듣고서 마음에 믿음이 생겨 거슬리지 않는다면 그 복이 저

몸을 바친 보시보다 훨씬 더 뛰어날 것이리니,

하물며 베껴 쓰고 마음에 새겨 지니고서 읽고 외우면서 남을 위하여 해설해 줌이겠는가!

수보리여! 요점을 말하자면 이 경은 불가사의하고 측량할 수도 없는 무한한 공덕이 있나니,

여래는 오직 커다란 마음을 일으킨 자(大乘者)를 위하여 설하며, 최고로 고귀한 마음을 일으킨 자(最上乘者)를 위하여 설할 따름이니라.

만약에 어떤 사람이 능히 마음에 새겨 지니고서 읽고 외우면서 남을 위하여 널리 설해준다면, 여래는 이 사람을 다 알고 다 보리니, 모두가 헤아릴 수 없고 측량할 수도 없이 끝없는 불가사의한 공덕을 성취할 것이니라.

이와 같은 사람들은 곧바로 여래의 '최상의 완전한 깨달음'을 짊어질 만한 자들이니 어인 까닭

인고?

수보리여! 얕은 가르침을 좋아하는 자는 나(我)라는 견해 · 인간이라는 견해 · 중생이라는 견해 · 영혼이라는 견해에 집착하기 때문에 능히 이 경을 듣고서 받아들여, 읽고 외우면서 남을 위하여 해설해줄 수 없느니라.

수보리여! 만약에 이 경이 있는 곳이라면 바로 그곳이 모든 천상의 신들과 인간 · 아수라 등이 기꺼이 공양하는 곳이라.

분명히 알지니, 그곳은 바로 사리를 모신 탑과 같아서 모두가 공경하여 예를 표하며 주위를 돌면서, 온갖 꽃과 향을 그곳에 흩뿌릴 것이로다."

16.

"그리고 또한, 수보리여! 만약에 선남자 선여인이

이 경을 마음에 새겨 지니고서 읽고 외우는데도 남들에게 경시와 능멸을 당한다면, 이 사람은 과거에 지은 죄업 때문에 마땅히 몹쓸 곳(惡道)에 떨어질 것이로되,

금생에 남들이 경시와 능멸을 보낸 까닭에 과거에 지은 죄업이 곧바로 소멸되고 반드시 최상의 완전한 깨달음을 얻으리라.

수보리여! 내가 지금 기억하건대, 과거의 헤아릴 수 없는 아승기겁 동안, 연등부처님을 뵙기 전에도, 8백 4천 만억 나유타의 그 많은 부처님들을 뵙고서 모두 다 공양올리고 섬겨 받들기를 헛되이 지나치지 않았나니,

이제 또 다른 어떤 사람이 다가올 말세(末世)에 능히 이 경을 마음에 새겨 지니고서 읽고 외운 공덕을 내가 모든 부처님께 공양 올린 공덕과 비교한다

면 감히 백분의 일, 천만 억분의 일도 안 되며, 숫자의 비유로는 도저히 미치지 못하느니라.

수보리여! 만약에 선남자 선여인이 다가올 말세(末世)에 이 경을 마음에 새겨 지니고서 읽고 외운 공덕을 내가 자세히 설한다면, 어떤 사람은 듣고서 마음이 몹시도 혼란하여 여우처럼 의심하고 믿지 않으리니,

수보리여! 분명히 알지어다. 이 경의 뜻은 참으로 불가사의하며 그 받는 결과도 역시 불가사의하니라."

17.

그때에 수보리가 부처님께 여쭙기를:

"세상에서 가장 존귀하신 분이시여!

선남자 선여인이 '최상의 완전한 깨달음'의 마음을 일으킨 자는 마땅히 어떻게 머무르고, 어떻게

그 마음을 항복받아야 하옵나이까?"

부처님께서 수보리에게 이르시길:

"선남자 선여인이 '최상의 완전한 깨달음' 을 일으킨 자는 마땅히 이와 같이 그 마음을 낼지니,

'내가 응당히 모든 중생들을 제도(濟度)하리라.' 하되,

그 모든 중생들을 제도하여 마쳤을지라도 실제로는 제도 받은 한 명의 중생도 없다고 여길지니 어인 까닭인고?

수보리여! 만약에 보살이 나(我)라는 관념 · 인간이라는 관념 · 중생이라는 관념 · 영혼이라는 관념이 있다면 그는 진정한 보살이 아니나니,

어찌 그런가 하오면 수보리여! 진실로 최상의 완전한 깨달음을 일으킬만한 그 어떠한 법도 없기 때문이니라.

수보리여! 그대의 생각은 어떠한고?

그 옛날 여래가 연등부처님 계신 곳에서 최상의 완전한 깨달음이라는 그 어떠한 법이라도 얻었느냐?"

"아니옵니다. 세존이시여! 제가 부처님의 말씀하신 뜻을 이해하기로는 부처님께서 연등부처님 계신 곳에서 최상의 완전한 깨달음이라는 그 어떠한 법도 얻지 않았나이다."

부처님께서 말씀하시길:

"그러하고 그러하니라. 수보리여!

진실로 여래가 최상의 완전한 깨달음이라는 그 어떠한 법도 얻지 않았으니, 수보리여!

만약에 여래가 최상의 완전한 깨달음이라는 그 어떠한 법이라도 얻었다면, 연등부처님께서 나에게 '그대는 먼 미래에 반드시 석가모니라는 이름의

부처가 되리라.' 고 수기(受記) 주지 않으셨겠지만,

진실로 최상의 완전한 깨달음이라는 그 어떠한 법도 얻지 않았으니, 그렇기에 연등부처님께서 나에게 이르시되 '그대는 먼 미래에 반드시 석가모니라는 이름의 부처가 되리라.' 고 수기 주셨느니라.

어인 까닭인고? 여래란 뜻은 그 모든 것은 진실하여 본래 그러하다는 것이니, 혹여 어떤 사람이 여래가 최상의 완전한 깨달음을 얻었다고 말할지라도,

수보리여! 실제로는 여래가 최상의 완전한 깨달음이라는 그 어떠한 법도 얻은 바가 없었느니라.

수보리여! 여래가 얻은 바 최상의 완전한 깨달음, 거기에는 진실하달 것도, 허망하달 것도 없으니 이러한 까닭에 여래는 '일체법(一切法)이 모두가 불법(佛法)이다.' 고 설하느니라.

수보리여! 말한 바 일체법이라는 것도 곧 일체법이 아니니, 그렇기에 일체법이라 부르는 것이니라.

수보리여! 비유컨대 사람의 몸이 크다는 것과 같으니라."

수보리가 사뢰기를:

"세존이시여! 여래께서 말씀하신 사람의 몸이 크다는 것은 큰 몸이 아니기에, 큰 몸이라 부르는 것이옵니다."

"수보리여! 보살도 마찬가지로 이와 같아서 만약에 스스로 말하기를 '내가 응당히 헤아릴 수 없는 중생을 제도하리라.' 고 한다면 그는 보살이 아니니 어인 까닭인고?

수보리여! 실제로는 보살이라 부를만한 그 어떠한 법도 없기 때문이니라.

이러한 까닭에 여래가 일체법이 나(我)라는 것이 없고, 인간이라는 것도 없으며, 중생이라는 것도 없고, 영혼이라는 것도 없다고 설하느니라.

수보리여! 만약에 보살이 스스로 말하기를 '내가 응당히 부처님국토를 장엄하여 꾸미리라.' 고 한다면 그는 보살이 아니니 어인 까닭인고?

여래가 말하는 부처님국토를 장엄하여 꾸민다는 것은 곧 장엄하여 꾸미는 것이 아니기에, 장엄하여 꾸민다고 부르는 것이니라.

수보리여! 만약에 보살이 나(我) 라는 것이 실체가 없다는 진리를 사무쳐 통달한다면 여래는 그런 자야말로 참된 보살이라고 부르느니라."

18.

"수보리여! 그대의 생각은 어떠한고? 여래에게

'육신의 눈(肉眼)' 이 있느뇨?"

"그렇사옵니다. 세존이시여! 여래께선 '육신의 눈' 이 있사옵니다."

"수보리여! 그대의 생각은 어떠한고? 여래에게 '하늘의 눈(天眼)' 이 있느뇨?"

"그렇사옵니다. 세존이시여! 여래께선 '하늘의 눈' 이 있사옵니다."

"수보리여! 그대의 생각은 어떠한고? 여래에게 '지혜의 눈(慧眼)' 이 있느뇨?"

"그렇사옵니다. 세존이시여! 여래께선 '지혜의 눈' 이 있사옵니다."

"수보리여! 그대의 생각은 어떠한고? 여래에게 '진리의 눈(法眼)' 이 있느뇨?"

"그렇사옵니다. 세존이시여! 여래께선 '진리의 눈' 이 있사옵니다."

"수보리여! 그대의 생각은 어떠한고? 여래에게 '깨달음의 눈(佛眼)' 이 있느뇨?"

"그렇사옵니다. 세존이시여! 여래께선 '깨달음의 눈' 이 있사옵니다."

"수보리여! 그대의 생각은 어떠한고? 갠지스강에 있는 모래알을 내가 말한 적이 있느뇨?"

"그렇사옵니다. 세존이시여! 여래께선 그러한 모래알을 말씀하셨사옵니다."

"수보리여! 그대의 생각은 어떠한고? 하나의 갠지스강에 있는 모래알의 숫자만큼, 그 많은 숫자의 갠지스강이 있다고 하자. 그러한 갠지스강에 있는 모든 모래알 숫자만큼의 부처님 세계가 있다면 정녕 많다 하겠느뇨?"

"매우 많사옵니다. 세존이시여!"

부처님께서 수보리에게 이르시길:

"저 많은 국토에 있는 중생들의 온갖 마음을 여래는 빠짐없이 다 아나니 어인 까닭인고?

여래가 말한 모든 마음이라는 것은 모두 다 마음이 아니기에 마음이라고 부르나니,

어찌 그런가 하오면 수보리여! 과거의 마음도 얻을 수 없고, 현재의 마음도 얻을 수 없으며, 미래의 마음도 얻을 수 없기 때문이니라."

19.

"수보리여! 그대의 생각은 어떠한고?

만약에 어떤 사람이 저 드넓은 온 우주에 일곱 가지 보배를 가득 채워 널리 베푼다면, 그 사람이 이러한 인연으로 얻을 복이 많다 하겠느뇨?"

"그렇사옵니다. 세존이시여! 그 사람이 이러한 인연으로 얻을 복이 매우 많사옵니다."

"수보리여! 만약에 복덕이라는 것이 참으로 있다면 여래는 결코 얻을 복덕이 많다고 말하지 않으련만, 복덕이 없기 때문에 여래는 얻을 복덕이 많다고 설하느니라."

20.

"수보리여! 그대의 생각은 어떠한고? '완벽하게 갖춘 몸' 이 여래라고 보아야 하겠느뇨?

"아니옵니다. 세존이시여!

결코 '완벽하게 갖춘 몸' 이 여래라고 보아서는 아니 되옵니다.

왜냐하면 여래께서 말씀하신 '완벽하게 갖춘 몸' 이라는 것은 곧 '완벽하게 갖춘 몸' 이 아니기에, '완벽하게 갖춘 몸' 이라 부르는 것이옵니다."

"수보리여! 그대의 생각은 어떠한고? '가지가지

모습을 두루 갖춤' 이 여래라고 보아야 하겠느뇨?"

"아니옵니다. 세존이시여!

결코 '가지가지 모습을 두루 갖춤' 이 여래라고 보아서는 아니 되옵니다.

왜냐하면 여래께서 말씀하신 '가지가지 모습을 두루 갖췄다는 것' 은 곧 '두루 갖춘 것' 이 아니기에, '가지가지 모습을 두루 갖췄다' 고 부르는 것이옵니다."

21.

"수보리여! 그대는 여래가 '나는 응당히 설법을 했노라.' 고 생각한다 이르지 말지니, 그런 생각은 하지 말지어다.

어인 까닭인고? 만약에 어떤 사람이 '여래께서 설법을 하셨다.' 고 말한다면 곧바로 부처를 비방하는 것이니, 능히 내가 말한 바를 이해하지 못한 까닭이니라.

수보리여!, 설법(說法)한다는 것은 정녕 한 법도 설할 것이 없나니, 그렇기에 설법이라 부르느니라."

그때에 '지혜의 생명(慧命)' 인 수보리가 부처님께 여쭙기를:

"세존이시여! 많고도 많은 중생들이 먼 뒷세상에 이 가르침을 듣고서 과연 참된 믿음을 낼 수 있사오리까?"

부처님께서 말씀하시길:

"수보리여! 저들은 중생이 아니며, 중생 아닌 것도 아니니 어인 까닭인고?

수보리여! 중생, 중생이라 하지만 여래는 중생이 아니라고 설하나니 그렇기에 중생이라 부르는 것이니라."

22.

수보리가 부처님께 여쭙기를:

"세존이시여! 부처님께서 최상의 완전한 깨달음을 얻었다는 것도 얻은 것이 아니옵니까?"

"그러하고, 그러하니라.

수보리여! 내가 최상의 완전한 깨달음, 내지는 그 어떠한 털끝만한 법도 얻은 바가 없기 때문에 최상의 완전한 깨달음이라 부르느니라."

23.

"그리고 또한, 수보리여! 이 법은 평등하여 위아래가 없기에 최상의 완전한 깨달음이라 부르는 것이다.

나(我)라는 것이 없고, 인간이라는 것도 없으며, 중생이라는 것도 없고, 영혼이라는 것도 없이 그 모든 좋은 법을 닦으면 곧바로 최상의 완전한 깨달음을 얻으리라.

수보리여! 말한 바 좋은 법이라는 것도 여래는 좋은 법이 아니라고 설하나니, 그렇기에 좋은 법이라 부르는 것이니라."

24.

"수보리여! 만약에 어떤 사람이 저 드넓은 온 우주에 있는 모든 수미산만한, 일곱 가지 보배 덩어리를 가지고 널리 베푼다고 하자.

또 다른 어떤 사람이 이 '반야바라밀경' 에서 네 구절의 게송만이라도 마음에 새겨 지니고서 읽고 외우면서 남을 위하여 설해준다면, 저 앞사람의 복덕으로는 감히 백분의 일, 백 천만 억분의 일도 안 되며, 숫자의 비유로는 도저히 미치지 못하느니라."

25.

수보리여! 그대들은 여래가 '나는 응당히 중생을 제도하리라.' 고 생각한다 이르지 말지니,

수보리여! 그런 생각은 하지 말지어다.

어인 까닭인고? 진실로 여래가 제도한 중생은 없기 때문이니라.

만약에 여래가 제도한 중생이 있다고 한다면 여래는 곧바로 나 · 인간 · 중생 · 영혼이라는 관념을 품고 있음이니라.

수보리여! 여래가 말하는 나(我)라는 것은 곧 내가 있는 것이 아니건만, 저 어리석은 범부(凡夫)들이

굳이 내가 있다고 고집할 뿐이다.

수보리여! 범부라는 것도 여래는 범부가 아니라고 설하느니라."

26.

"수보리여! 그대의 생각은 어떠한고? 서른두 가지 거룩한 모습이 여래라고 볼 수 있겠느뇨?"

수보리가 사뢰기를:

"그러하고 그러하옵니다. 서른두 가지 거룩한 모습이 여래라고 볼 수 있나이다."

부처님께서 말씀하시길:

"수보리여! 만약에 서른두 가지 거룩한 모습이 여래라고 본다면 전륜성왕(轉輪聖王)도 여래라 할 수 있겠구나!"

수보리가 부처님께 사뢰기를:

"세존이시여! 제가 부처님의 말씀하신 뜻을 이해하기로는 결코 서른두 가지 거룩한 모습이 여래라고 볼 수 없겠나이다."

그때에, 세상에서 가장 존귀하신 분께서 게송(偈頌)으로 말씀하시되:

"모양새로 나를 보려는 자
음성으로 나를 구하는 자
이러한 무리는 삿된 길을 가는 자니,
결코 여래를 볼 수 없으리라."

27.

"수보리여! 그대는 혹여 '여래가 두루 갖춘 모습 때문에 최상의 완전한 깨달음을 얻은 것이 아니다.' 고 생각하는가?

수보리여! '여래가 두루 갖춘 모습 때문에 최상의 완전한 깨달음을 얻은 것이 아니다.'는 그런 생각은 하지 말지어다.

수보리여! 그대가 만약에 '최상의 완전한 깨달음을 일으킨 자는 모든 법이 영원히 끊어져 허무한 모습(斷滅相)이라고 설한다.' 생각한다면, 그런 생각도 하지 말지어다. 어인 까닭인고?

최상의 완전한 깨달음의 마음을 일으킨 자는 법에 있어서 '영원히 끊어져 허무한 모습이다.'고 설하지 않기 때문이니라."

28.

"수보리여! 만약에 보살이 갠지스강의 모래알 수 같은 세계에 일곱 가지 보배를 가득 채워 보시한다고 하자.

이제 또 다른 어떤 사람이 일체법이 무아(無我)임을 알고서 인욕을 성취한다면, 이 보살은 보배를 보시한 보살보다 얻을 공덕이 훨씬 더 뛰어나리니, 수보리여!

저 모든 보살들은 복덕을 수용하지 않기 때문이니라."

수보리가 부처님께 여쭙기를:

"세존이시여! 어찌하여 보살은 복덕을 수용하지 않나이까?"

"수보리여! 보살은 자기가 쌓은 복덕을 결코 욕심내어 집착하지 않나니, 그렇기에 복덕을 수용하지 않는다고 설하느니라."

29.

"수보리여! 어떤 사람이 말하기를 '여래는 혹은

오기도 하고, 혹은 가기도 하며, 때로는 앉기도 하고, 때로는 눕기도 한다.' 고 말한다면 이 사람은 내가 말한 뜻을 이해하지 못한 것이니 어인 까닭인고?

여래란 그 어디로부터 옴이 없으며, 또한 가는 바도 없기 때문에 여래라 부르느니라."

30.

"수보리여! 만약에 선남자 선여인이 저 드넓은 온 우주를 잘게 부수어 미세한 티끌로 만든다면 그대의 생각은 어떠한고? 이 미세한 티끌들이 정녕 많다 하겠느뇨?"

"매우 많사옵니다. 세존이시여!

왜냐하면 만약에 이 미세한 티끌들이 실제로 있는 것이라면 부처님께서는 미세한 티끌들이라

말씀하지 않으셨을 터이니,

어찌 그런가 하오면 부처님께서 말씀하신 미세한 티끌들이라는 것이 미세한 티끌들이 아니기에, 미세한 티끌들이라 부르기 때문이옵니다.

세존이시여! 여래께서 말씀하신 저 드넓은 온 세계라는 것도 세계가 아니기에, 세계라고 부르는 것이옵니다.

왜냐하면 만약에 세계가 실제로 있다면 그것은 '하나의 합한 모습' 일 따름이오니,

여래께서 말씀하신 '하나의 합한 모습' 이라는 것은 '하나의 합한 모습' 이 아니기에, '하나의 합한 모습' 이라 부르나이다."

"수보리여! 저 '하나의 합한 모습' 이라는 것은 말로써는 설명할 수 없거늘, 다만 범부들이 그러한 개념에 집착하는 것이니라."

31.

"수보리여! 만약에 어떤 사람이 '부처님께서 나(我)라는 견해 · 인간이라는 견해 · 중생이라는 견해 · 영혼이라는 견해를 설하셨다.' 고 말한다면, 수보리여! 그대의 생각은 어떠한고?

이 사람이 내가 말한 뜻을 이해했다고 할 수 있겠느뇨?"

"세존이시여! 이 사람은 여래께서 말씀하신 뜻을 이해하지 못한 것이옵니다.

왜냐하면 세존께서 설하신 나(我)라는 견해 · 인간이라는 견해 · 중생이라는 견해 · 영혼이라는 견해는 곧, 나(我)라는 견해 · 인간이라는 견해 · 중생이라는 견해 · 영혼이라는 견해가 아니기에, 나(我)라는 견해 · 인간이라는 견해 · 중생이라는 견해 · 영혼이라는 견해라 부르는 것이옵니다."

"수보리여! 최상의 완전한 깨달음의 마음을 일으킨 자는 그 모든 법에 있어서 분명히 이와 같이 알고, 이와 같이 보아야하며, 이와 같이 확실히 믿고 깨달아서, 진리라는 관념마저도 내지 말아야 하느니라.

수보리여! 말한 바 진리라는 관념을 여래는 진리라는 관념이 아니라고 설하기에, 진리라는 관념이라 부르는 것이니라."

32.

"수보리여! 만약에 어떤 사람이 헤아릴 수 없는 아승기세계를 가득 채울 만큼 많은, 일곱 가지 보배를 가지고 보시한다고 하자.

또 다른 어떤 선남자 선여인이 보살의 마음을 일으키고서, 이 경전을 지니되 네 구절의 게송만이라도 마음에 새겨 지니고서 읽고 외우면서 남을 위하여 연설해준다면, 그 복이 저 보배의 보시보다 훨씬 더 뛰어나리니 그럴진대, 남을 위하여 어떻게 연설해 줄 것인가?

수보리여! 모든 관념을 취하지 말고, 이러히 한결같이 흔들림이 없을지니, 어인 까닭인고?

조건으로 형성된 그 모든 법은
꿈과 허깨비 · 물거품 · 그림자 같고
또한 이슬과 번갯불 같기 때문이니,
마땅히 이렇게 관(觀)할지어다."

부처님께서 이 경을 설하여 마치시니, 장로인 수보리와 많은 비구 · 비구니들과 우바새 · 우바이 그리고 모든 천상의 신들과 인간 · 아수라 등이 부처님의 설법을 듣자옵고, 모두가 크게 환희하여 믿어 지니고서 받들어 실천하였나이다.

금강반야바라밀경

진언

나모바가바떼 쁘랏냐 빠라미따예

옴 이리띠 이실리 슈리띠 비샤야비샤야

스와하

금강반야바라밀경 끝

誦經儀式

開經偈

無上甚深微妙法
百千萬劫難遭遇
我今聞見得受持
願解如來眞實意

開法藏眞言

옴 아라남 아라다 (3번)

金剛般若波羅蜜經

姚秦天竺三藏鳩摩羅什 譯

戊戌歲高麗國大藏都監奉勅彫造

『法會因由分 第一』

如是我聞하사오니 一時에 佛이 在舍衛國祇樹給孤獨園하사 與大比丘衆千二百五十人으로 俱러시니 爾時에 世尊이 食時라 著衣持鉢하시고 入舍衛大城하사 乞食하실새 於其城中에 次第로 乞已하시고 還至本處하사 飯食訖하시고 收衣鉢하시며 洗足已하사 敷座而坐시거늘

『善現起請分 第二』

時에 長老須菩提가 在大衆中이라가 卽從座起하사 偏袒右肩하고 右膝著地하며 合掌恭敬하옵고 而白

佛言하사대 希有하나니 世尊하 如來께서 善護念諸菩薩하시며 善付囑諸菩薩하시나니 世尊하 善男子善女人이 發阿耨多羅三藐三菩提心한이는 應云何住며 云何降伏其心하리잇고 佛言하사대 善哉善哉라 須菩提야 如汝所說하야 如來가 善護念諸菩薩하며 善付囑諸菩薩하나니 汝今諦聽하라 當爲汝說호리라 善男子善女人이 發阿耨多羅三藐三菩提心한이는 應如是住하며 如是降伏其心하라 唯然이니이다 世尊하 願樂欲聞하나이다

『大乘正宗分 第三』

佛告須菩提하사대 諸菩薩摩訶薩은 應如是降伏其心이니 所有一切衆生之類인 若卵生 若胎生 若濕生 若化生과 若有色 若無色과 若有想 若無想 若非有想非無想을 我皆令入無餘涅槃하야 而滅度之하리니

如是滅度無量無數無邊衆生하되 實無衆生得滅度者니 何以故오 須菩提야 若菩薩이 有我相人相衆生相壽者相하면 卽非菩薩이니라

『妙行無住分 第四』

復次須菩提야 菩薩은 於法에 應無所住하야 行於布施니 所謂不住色하고 布施며 不住聲香味觸法하고 布施니라 須菩提야 菩薩은 應如是布施하되 不住於相이니 何以故오 若菩薩이 不住相布施하면 其福德이 不可思量이니라 須菩提야 於意云何오 東方虛空을 可思量不아 不也니이다 世尊하 須菩提야 南西北方과 四維上下虛空을 可思量不아 不也니이다 世尊하 須菩提야 菩薩의 無住相布施福德도 亦復如是하야 不可思量이니 須菩提야 菩薩은 但應如所敎住니라

『如理實見分 第五』

須菩提야 於意云何오 可以身相으로 見如來不아 不也니이다 世尊하 不可以身相으로 得見如來니 何以故오 如來所說身相은 卽非身相이니이다 佛告須菩提하사대 凡所有相이 皆是虛妄이니 若見諸相非相이면 則見如來니라

『正信希有分 第六』

須菩提白佛言하사대 世尊하 頗有衆生이 得聞如是言說章句하고 生實信不아 佛告須菩提하사대 莫作是說하라 如來滅後의 後五百歲에 有持戒修福者하야 於此章句에 能生信心하야 以此爲實하리니 當知하라 是人은 不於一佛二佛三四五佛에 而種善根이라 已於無量千萬佛所에 種諸善根하야 聞是章句하고 乃至一念生淨信者니라 須菩提야 如來가 悉知悉見하나니

是諸衆生이 得如是無量福德이니라 何以故오 是諸衆生이 無復我相人相衆生相壽者相하고 無法相하며 亦無非法相이니 何以故오 是諸衆生이 若心取相하면 則爲著我人衆生壽者며 若取法相이라도 卽著我人衆生壽者니 何以故오 若取非法相이라도 卽著我人衆生壽者니라 是故로 不應取法이며 不應取非法이니 以是義故로 如來常說하되 汝等比丘가 知我說法如筏喩者면 法尙應捨어든 何況非法가

『無得無說分 第七』

須菩提야 於意云何오 如來가 得阿耨多羅三藐三菩提耶릿가 如來가 有所說法耶릿가 須菩提言하사대 如我解佛所說義컨댄 無有定法名阿耨多羅三藐三菩提며 亦無有定法如來可說이니 何以故오 如來所說法은 皆不可取며 不可說이며 非法이며 非非法이니 所

以者何오 一切賢聖이 皆以無爲法으로만 而有差別이니이다

『依法出生分 第八』

須菩提야 於意云何오 若人이 滿三千大千世界七寶로 以用布施하면 是人의 所得福德이 寧爲多不아 須菩提言하사대 甚多니이다 世尊하 何以故오 是福德이 卽非福德性일새 是故로 如來說福德多니이다

若復有人이 於此經中에 受持乃至四句偈等하야 爲他人說하면 其福이 勝彼하리니 何以故오 須菩提야 一切諸佛과 及諸佛阿耨多羅三藐三菩提法이 皆從此經出이니라 須菩提야 所謂佛法者는 卽非佛法이니라

「一相無相分 第九』

須菩提야 於意云何오 須陀洹이 能作是念하되 我得

須陀洹果不아 須菩提言하사대 不也니이다 世尊하

何以故오 須陀洹은 名爲入流로되 而無所入이니 不入

色聲香味觸法일새 是名須陀洹이니이다 須菩提야

於意云何오 斯陀含이 能作是念하되 我得斯陀含果

不아 須菩提言하사대 不也니이다 世尊하 何以故오

斯陀含은 名一往來로되 而實無往來일새 是名斯陀

含이니이다 須菩提야 於意云何오 阿那含이 能作是念

하되 我得阿那含果不아 須菩提言하사대 不也니이다

世尊하 何以故오 阿那含은 名爲不來로되 而實無來

일새 是故로 名阿那含이니이다 須菩提야 於意云何오

阿羅漢이 能作是念하되 我得阿羅漢道不아 須菩提

言하사대 不也니이다 世尊하 何以故오 實無有法名阿

羅漢이니 世尊하 若阿羅漢이 作是念하되 我得阿羅漢

道라하면 卽爲著我人衆生壽者니이다 世尊하 佛이 說

我得無諍三昧하야 人中에 最爲第一이라 是第一離

欲阿羅漢이라하시나 我不作是念하되 我是離欲阿羅漢이니이다 世尊하 我若作是念하되 我得阿羅漢道라하면 世尊則不說하되 須菩提是樂阿蘭那行者어니와 以須菩提實無所行일새 而名須菩提是樂阿蘭那行이라하시나이다

『莊嚴淨土分 第十』

佛告須菩提하사대 於意云何오 如來가 昔在然燈佛所하야 於法에 有所得不아 世尊하 如來가 在然燈佛所하사 於法에 實無所得이니이다 須菩提야 於意云何오 菩薩莊嚴佛土不아 不也니이다 世尊하 何以故오 莊嚴佛土者는 則非莊嚴일새 是名莊嚴이니이다 是故로 須菩提야 諸菩薩摩訶薩은 應如是生清淨心이니 不應住色하고 生心하며 不應住聲香味觸法하고 生心이니 應無所住하야 而生其心하라 須菩提야 譬如有

人이 身如須彌山王하면 於意云何오 是身爲大不아

須菩提言하사대 甚大니이다 世尊하 何以故오 佛說非

身일새 是名大身이니이다

『無爲福勝分 第十一』

須菩提야 如恒河中所有沙數하야 如是沙等恒河가

於意云何오 是諸恒河沙가 寧爲多不아 須菩提言하사

대 甚多니이다 世尊하 但諸恒河도 尙多無數어든 何況

其沙리이까 須菩提야 我今實言으로 告汝하노니 若有

善男子善女人이 以七寶로 滿爾所恒河沙數三千大千

世界하야 以用布施하면 得福이 多不아 須菩提言하사대

甚多니이다 世尊하 佛告須菩提하사대 若善男子善女

人이 於此經中에 乃至受持四句偈等하야 爲他人說

하면 而此福德이 勝前福德이니라

『尊重正教分 第十二』

復次須菩提야 隨說是經하되 乃至四句偈等하면 當知할지니 此處는 一切世間天人阿修羅가 皆應供養을 如佛塔廟어든 何況有人이 盡能受持讀誦가 須菩提야 當知하라 是人은 成就最上第一希有之法이니 若是經典所在之處는 則爲有佛과 若尊重弟子니라

『如法受持分 第十三』

爾時에 須菩提白佛言하사대 世尊하 當何名此經이며 我等이 云何奉持릿고 佛告須菩提하사대 是經은 名爲金剛般若波羅蜜이니 以是名字로 汝當奉持하라 所以者何오 須菩提야 佛說般若波羅蜜이 則非般若波羅蜜이니라 須菩提야 於意云何오 如來가 有所說法不아 須菩提白佛言하사대 世尊하 如來가 無所說이니이다 須菩提야 於意云何오 三千大千世界의 所有微塵이

是爲多不아 須菩提言하사대 甚多니이다 世尊하 須菩提야 諸微塵을 如來說非微塵일새 是名微塵이며 如來說世界도 非世界일새 是名世界니라 須菩提야 於意云何오 可以三十二相으로 見如來不아 不也니이다 世尊하 不可以三十二相으로 得見如來니 何以故오 如來說三十二相이 卽是非相일새 是名三十二相이니이다 須菩提야 若有善男子善女人이 以恒河沙等身命으로 布施어든 若復有人이 於此經中에 乃至受持四句偈等하야 爲他人說하면 其福이 甚多니라

『離相寂滅分 第十四』

爾時에 須菩提가 聞說是經하사옵고 深解義趣하야 涕淚悲泣하며 而白佛言하사대 希有하나니 世尊하 佛이 說如是甚深經典은 我從昔來의 所得慧眼으론 未曾得聞如是之經호이다 世尊하 若復有人이 得聞是經하고

信心清淨하면 則生實相하리니 當知어니 是人은 成就
第一希有功德이니이다 世尊하 是實相者는 則是非相
일새 是故로 如來說名實相이니이다 世尊하 我今得聞
如是經典하옵고 信解受持사 不足爲難이어니와 若當
來世의 後五百歲에 其有衆生이 得聞是經하고 信解
受持하면 是人은 則爲第一希有니 何以故오 此人은
無我相人相衆生相壽者相이니 所以者何오 我相이
卽是非相이며 人相衆生相壽者相도 卽是非相이니
何以故오 離一切諸相이 則名諸佛이니이다 佛告須菩
提하사대 如是如是니라 若復有人이 得聞是經하고 不
驚不怖不畏하면 當知하라 是人은 甚爲希有니 何以
故오 須菩提야 如來說第一波羅蜜이 非第一波羅蜜
일새 是名第一波羅蜜이니라 須菩提야 忍辱波羅蜜도
如來說非忍辱波羅蜜이니 何以故오 須菩提야 如我
昔爲歌利王에 割截身體로되 我於爾時에 無我相하며

無人相하며 無衆生相하며 無壽者相하였나니 何以故오

我於往昔節節支解時에 若有我相人相衆生相壽者

相이면 應生瞋恨일러니라 須菩提야 又念過去於五百

世에 作忍辱仙人하야 於爾所世에 無我相하며 無人相

하며 無衆生相하며 無壽者相이러니 是故로 須菩提야

菩薩은 應離一切相하고 發阿耨多羅三藐三菩提心

할지니 不應住色하고 生心하며 不應住聲香味觸法하고

生心하야 應生無所住心일지라 若心有住면 則爲非住

니 是故로 佛說菩薩은 心不應住色하고 布施라하니라

須菩提야 菩薩은 爲利益一切衆生하야 應如是布施

니 如來說一切諸相이 卽是非相이며 又說一切衆生

도 則非衆生이니라 須菩提야 如來는 是眞語者며 實語

者며 如語者며 不誑語者며 不異語者니라 須菩提야

如來所得法은 此法이 無實無虛 니라 須菩提야 若菩

薩이 心住於法하야 而行布施하면 如人이 入闇하야

則無所見이어니와 若菩薩이 心不住法하야 而行布施하면 如人이 有目하야 日光明照에 見種種色이니라 須菩提야 當來之世에 若有善男子善女人이 能於此經에 受持讀誦하면 則爲如來가 以佛智慧로 悉知是人하며 悉見是人하나니 皆得成就無量無邊功德하리라

『持經功德分 第十五』

須菩提야 若有善男子善女人이 初日分에 以恒河沙等身으로 布施하고 中日分에 復以恒河沙等身으로 布施하며 後日分에 亦以恒河沙等身으로 布施하야 如是無量百千萬億劫에 以身布施하야도 若復有人이 聞此經典하고 信心不逆하면 其福이 勝彼하리니 何況書寫受持讀誦하야 爲人解說가 須菩提야 以要言之컨댄是經이 有不可思議不可稱量無邊功德하니 如來가爲發大乘者說이며 爲發最上乘者說이니라 若有人이

能受持讀誦하야 廣爲人說하면 如來가 悉知是人하며 悉見是人하나니 皆得成就不可量不可稱無有邊不可思議功德하리니 如是人等은 則爲荷擔如來阿耨多羅三藐三菩提니라 何以故오 須菩提야 若樂小法者는 著我見人見衆生見壽者見일새 則於此經에 不能聽受讀誦하야 爲人解說하나니라 須菩提야 在在處處에 若有此經하면 一切世間天人阿修羅의 所應供養이니 當知하라 此處는 則爲是塔이라 皆應恭敬하고 作禮圍繞하야 以諸華香으로 而散其處하리라

『能淨業障分 第十六』

復次須菩提야 善男子善女人이 受持讀誦此經하되 若爲人輕賤하면 是人은 先世罪業으로 應墮惡道언마는 以今世人이 輕賤故로 先世罪業이 則爲消滅하야 當得阿耨多羅三藐三菩提하리라 須菩提야 我念過

去無量阿僧祇劫하니 於然燈佛前에 得值八百四千萬億那由他諸佛하사와 悉皆供養承事하야 無空過者니 若復有人이 於後末世에 能受持讀誦此經하면 所得功德이 於我所供養諸佛功德으로 百分에 不及一이며 千萬億分과 乃至算數譬喩로도 所不能及이니라 須菩提야 若善男子善女人이 於後末世에 有受持讀誦此經하는 所得功德을 我若具說者면 或有人聞하고 心則狂亂하야 狐疑不信하리라 須菩提야 當知하라 是經은 義도 不可思議며 果報도 亦不可思議니라

『究竟無我分 第十七』

爾時에 須菩提白佛言하사대 世尊하 善男子善女人이 發阿耨多羅三藐三菩提心한이는 云何應住며 云何降伏其心하리잇고 佛告須菩提하사대 善男子善女人이 發阿耨多羅三藐三菩提者는 當生如是心하리니 我

應滅度一切衆生하되 滅度一切衆生已하야는 而無有
一衆生도 實滅度者니라 何以故오 須菩提야 若菩薩이
有我相人相衆生相壽者相이면 則非菩薩이니 所以
者何오 須菩提야 實無有法發阿耨多羅三藐三菩提
者니라 須菩提야 於意云何오 如來가 於然燈佛所에
有法得阿耨多羅三藐三菩提不아 不也니이다 世尊하
如我解佛所說義컨댄 佛이 於然燈佛所에 無有法得
阿耨多羅三藐三菩提니이다 佛言하사대 如是如是니라
須菩提야 實無有法如來得阿耨多羅三藐三菩提니
須菩提야 若有法如來得阿耨多羅三藐三菩提者인
댄 然燈佛이 則不與我受記하사대 汝於來世에 當得作
佛하야 號釋迦牟尼어니와 以實無有法得阿耨多羅三
藐三菩提일새 是故로 然燈佛이 與我受記하사 作是言
하사대 汝於來世에 當得作佛하야 號釋迦牟尼라하시니
何以故오 如來者는 卽諸法如義니라 若有人言하되

如來가 得阿耨多羅三藐三菩提라하면 須菩提야 實無有法佛得阿耨多羅三藐三菩提니라 須菩提야 如來所得阿耨多羅三藐三菩提는 於是中에 無實無虛니라 是故로 如來說一切法이 皆是佛法이라하나니 須菩提야 所言一切法者는 卽非一切法일새 是故로 名一切法이니라 須菩提야 譬如人身長大니라 須菩提言하사대 世尊하 如來說人身長大는 則爲非大身일새 是名大身이니이다 須菩提야 菩薩도 亦如是하야 若作是言하되 我當滅度無量衆生이라하면 則不名菩薩이니 何以故오 須菩提야 實無有法名爲菩薩이니라 是故로 佛說一切法이 無我無人無衆生無壽者라하니라 須菩提야 若菩薩이 作是言하되 我當莊嚴佛土라하면 是不名菩薩이니 何以故오 如來說莊嚴佛土者는 卽非莊嚴일새 是名莊嚴이니라 須菩提야 若菩薩이 通達無我法者면 如來가 說名眞是菩薩이니라

『一體同觀分 第十八』

須菩提야 於意云何오 如來有肉眼不아 如是니이다 世尊하 如來有肉眼이니이다 須菩提야 於意云何오 如來有天眼不아 如是니이다 世尊하 如來有天眼이니이다 須菩提야 於意云何오 如來有慧眼不아 如是니이다 世尊하 如來有慧眼이니이다 須菩提야 於意云何오 如來有法眼不아 如是니이다 世尊하 如來有法眼이니이다 須菩提야 於意云何오 如來有佛眼不아 如是니이다 世尊하 如來有佛眼이니이다 須菩提야 於意云何오 恒河中所有沙를 佛說是沙不아 如是니이다 世尊하 如來說是沙니이다 須菩提야 於意云何오 如一恒河中所有沙하야 有如是等恒河어든 是諸恒河所有沙數의 佛世界가 如是하면 寧爲多不아 甚多니이다 世尊하 佛告須菩提하사대 爾所國土中에 所有衆生의 若干種心을 如來悉知하나니 何以故오 如來說諸心이 皆爲非

心일새 是名爲心이니 所以者何오 須菩提야 過去心不可得이며 現在心不可得이며 未來心不可得이니라

『法界通化分 第十九』

須菩提야 於意云何오 若有人이 滿三千大千世界七寶로 以用布施하면 是人이 以是因緣으로 得福이 多不아 如是니이다 世尊하 此人이 以是因緣으로 得福이 甚多니이다 須菩提야 若福德有實이면 如來不說得德福多언마는 以福德無故로 如來說得福德多니라

『離色離相分 第二十』

須菩提야 於意云何오 佛을 可以具足色身으로 見不아 不也니이다 世尊하 如來를 不應以具足色身으로 見이니 何以故오 如來說具足色身이 卽非具足色身일새 是名具足色身이니이다 須菩提야 於意云何오 如來를

可以具足諸相으로 見不아 不也니이다 世尊하 如來를 不應以具足諸相으로 見이니 何以故오 如來說諸相具足이 卽非具足일새 是名諸相具足이니이다

『非說所說分 第二十一』

須菩提야 汝는 勿謂하라 如來가 作是念하되 我當有所說法이라고 莫作是念이니 何以故오 若人言하되 如來가 有所說法이라하면 卽爲謗佛이라 不能解我所說故니라 須菩提야 說法者는 無法可說일새 是名說法이니라 爾時에 慧命須菩提白佛言하사대 世尊하 頗有衆生이 於未來世에 聞說是法하고 生信心不아 佛言하사대 須菩提야 彼非衆生이며 非不衆生이니 何以故오 須菩提야 衆生衆生者는 如來說非衆生일새 是名衆生이니라

『無法可得分 第二十二』

須菩提白佛言하사대 世尊하 佛이 得阿耨多羅三藐三菩提는 爲無所得耶릿가 如是如是니라 須菩提야 我於阿耨多羅三藐三菩提에 乃至無有少法可得일새 是名阿耨多羅三藐三菩提니라

『淨心行善分 第二十三』

復次須菩提야 是法이 平等하야 無有高下일새 是名阿耨多羅三藐三菩提니 以無我無人無衆生無壽者로 修一切善法하면 則得阿耨多羅三藐三菩提하리라 須菩提야 所言善法者는 如來說非善法일새 是名善法이니라

『福智無比分 第二十四』

須菩提야 若三千大千世界中에 所有諸須彌山王의

如是等七寶聚를 有人이 持用布施어든 若人이 以此
般若波羅蜜經으로 乃至四句偈等을 受持讀誦하야
爲他人說하면 於前福德으로 百分에 不及一이며 百千
萬億分과 乃至算數譬喩로도 所不能及이니라

『化無所化分 第二十五』

須菩提야 (於意云何오) 汝等은 勿謂하라 如來가 作是
念하되 我當度衆生이라고 須菩提야 莫作是念이니 何
以故오 實無有衆生如來度者니 若有衆生如來度者
라하면 如來가 則有我人衆生壽者니라 須菩提야 如來
說有我者는 則非有我어늘 而凡夫之人이 以爲有我
니 須菩提야 凡夫者는 如來說則非凡夫니라

『法身非相分 第二十六』

須菩提야 於意云何오 可以三十二相으로 觀如來不아

須菩提言하사대 如是如是나니 以三十二相으로 觀如來니이다 佛言하사대 須菩提야 若以三十二相으로 觀如來者인댄 轉輪聖王도 則是如來아 須菩提白佛言하사대 世尊하 如我解佛所說義컨댄 不應以三十二相으로 觀如來니이다 爾時에 世尊이 而說偈言하사대 若以色見我거나 以音聲求我면 是人行邪道니 不能見如來니라

『無斷無滅分 第二十七』

須菩提야 汝若作是念하되 如來가 不以具足相故로 得阿耨多羅三藐三菩提아 須菩提야 莫作是念하라 如來가 不以具足相故로 得阿耨多羅三藐三菩提라고 須菩提야 汝若作是念하되 發阿耨多羅三藐三菩提者는 說諸法斷滅相잇가 莫作是念하라 何以故오 發阿耨多羅三藐三菩提心者는 於法에 不說斷滅相이니라

『不受不貪分 第二十八』

須菩提야 若菩薩이 以滿恒河沙等世界七寶로 布施어든 若復有人이 知一切法無我하야 得成於忍하면 此菩薩이 勝前菩薩의 所得功德하리니 須菩提야 以諸菩薩이 不受福德故니라 須菩提白佛言하사대 世尊하 云何菩薩이 不受福德이니이까 須菩提야 菩薩은 所作福德을 不應貪著일새 是故로 說不受福德이니라

『威儀寂靜分 第二十九』

須菩提야 若有人言하대 如來가 若來 若去 若坐 若臥라하면 是人은 不解我所說義니 何以故오 如來者는 無所從來며 亦無所去일새 故名如來니라

『一合相理分 第三十』

須菩提야 若善男子善女人이 以三千大千世界로

碎爲微塵하면 於意云何오 是微塵衆이 寧爲多不아 甚多니이다 世尊하 何以故오 若是微塵衆이 實有者인댄 佛이 則不說是微塵衆이니 所以者何오 佛說微塵衆은 則非微塵衆일새 是名微塵衆이니이다 世尊하 如來所說三千大千世界도 則非世界일새 是名世界니 何以故오 若世界가 實有者인댄 則是一合相이니 如來說一合相은 則非一合相일새 是名一合相이니이다 須菩提야 一合相者는 則是不可說이어늘 但凡夫之人이 貪著其事니라

『知見不生分 第三十一』

須菩提야 若人言하대 佛이 說我見人見衆生見壽者見이라하면 須菩提야 於意云何오 是人이 解我所說義不아 世尊하 是人은 不解如來所說義니 何以故오 世尊이 說我見人見衆生見壽者見은 卽非我見人見衆

生見壽者見일새 是名我見人見衆生見壽者見이니이다

須菩提야 發阿耨多羅三藐三菩提心者는 於一切法에 應如是知하고 如是見하며 如是信解하야 不生法相이니 須菩提야 所言法相者는 如來가 說卽非法相일새 是名法相이니라

『應化非眞分 第三十二』

須菩提야 若有人이 以滿無量阿僧祇世界七寶로 持用布施어든 若有善男子善女人이 發菩薩心者가 持於此經하고 乃至四句偈等을 受持讀誦하야 爲人演說하면 其福이 勝彼하리니 云何爲人演說고 不取於相하야 如如不動할지니 何以故오

一切有爲法이 如夢幻泡影이며 如露亦如電일새 應作如是觀할지어다

佛說是經已하시니 長老須菩提와 及諸比丘比丘尼와

優婆塞優婆夷와 一切世間天人阿修羅가 聞佛所說

하사옵고 皆大歡喜하야 信受奉行일러라

金剛般若波羅蜜經

眞言

那謨婆伽跋帝 鉢喇壤 波羅弭多曳

唵 伊利底 伊室利 輸盧馱 毘舍耶毘舍耶 莎婆訶

(나모바가바떼 쁘랏냐 빠라미따예

옴 이리띠 이실리 슈리띠 비샤야비샤야 스와하)

金剛般若波羅蜜經 終

誦經儀式
송 경 의 식

開經偈
개 경 게

無上甚深微妙法
무 상 심 심 미 묘 법

百千萬劫難遭遇
백 천 만 겁 난 조 우

我今聞見得受持
아 금 문 견 득 수 지

願解如來眞實意
원 해 여 래 진 실 의

開法藏眞言
개 법 장 진 언

옴 아라남 아라다 (3번)

金剛般若波羅蜜經
금 강 반 야 바 라 밀 경

姚秦天竺三藏鳩摩羅什 譯
요진천축삼장구마라집 역

戊戌歲高麗國大藏都監奉勅彫造
무술세고려국대장도감봉칙조조

法會因由分 第一
법회인유분 제일

如是我聞 一時 佛 在舍衛國祇樹給孤獨園 與
여시아문 일시 불 재사위국기수급고독원 여

大比丘衆千二百五十人 俱 爾時 世尊 食時 著
대비구중천이백오십인 구 이시 세존 식시 착

衣持鉢 入舍衛大城 乞食 於其城中 次第 乞已
의지발 입사위대성 걸식 어기성중 차제 걸이

還至本處 飯食訖 收衣鉢 洗足已 敷座而坐
환지본처 반사흘 수의발 세족이 부좌이좌

善現起請分 第二
선현기청분 제이

時 長老須菩提 在大衆中 卽從座起 偏袒右肩
시 장로수보리 재대중중 즉종좌기 편단우견

右膝著地 合掌恭敬 而白佛言 希有 世尊 如
우슬착지 합장공경 이백불언 희유 세존 여

來 善護念諸菩薩 善付囑諸菩薩 世尊 善男子
래 선호념제보살 선부촉제보살 세존 선남자

善女人 發阿耨多羅三藐三菩提心 應云何住
선여인 발아뇩다라삼먁삼보리심 응운하주

云何降伏其心 佛言 善哉善哉 須菩提 如汝所
운하항복기심 불언 선재선재 수보리 여여소

說 如來 善護念諸菩薩 善付囑諸菩薩 汝今諦
설 여래 선호념제보살 선부촉제보살 여금제

聽 當爲汝說 善男子善女人 發阿耨多羅三藐
청 당위여설 선남자선여인 발아뇩다라삼먁

三菩提心 應如是住 如是降伏其心 唯然 世尊
삼보리심 응여시주 여시항복기심 유연 세존

願樂欲聞
원요욕문

大乘正宗分 第三
대승정종분 제삼

佛告須菩提 諸菩薩摩訶薩 應如是降伏其心
불고수보리 제보살마하살 응여시항복기심

所有一切衆生之類 若卵生 若胎生 若濕生 若
소유일체중생지류 약란생 약태생 약습생 약

化生 若有色 若無色 若有想 若無想 若非有想
화생 약유색 약무색 약유상 약무상 약비유상

非無想 我皆令入無餘涅槃 而滅度之 如是滅
비무상 아개영입무여열반 이멸도지 여시멸

度無量無數無邊衆生 實無衆生得滅度者 何以
도무량무수무변중생 실무중생득멸도자 하이

故 須菩提 若菩薩 有我相人相衆生相壽者相
고 수보리 약보살 유아상인상중생상수자상

卽非菩薩
즉비보살

妙行無住分 第四
묘행무주분 제사

復次須菩提 菩薩 於法 應無所住 行於布施 所
부차수보리 보살 어법 응무소주 행어보시 소

謂不住色 布施 不住聲香味觸法 布施 須菩提
위부주색 보시 부주성향미촉법 보시 수보리

菩薩 應如是布施 不住於相 何以故 若菩薩 不
보살 응여시보시 부주어상 하이고 약보살 부

住相布施 其福德 不可思量 須菩提 於意云何
주상보시 기복덕 불가사량 수보리 어의운하

東方虛空 可思量不 不也 世尊 須菩提 南西
동방허공 가사량부 불야 세존 수보리 남서

北方 四維上下虛空 可思量不 不也 世尊 須菩
북방 사유상하허공 가사량부 불야 세존 수보

提 菩薩 無住相布施福德 亦復如是 不可思量
리 보살 무주상보시복덕 역부여시 불가사량

須菩提 菩薩 但應如所敎住
수보리 보살 단응여소교주

如來實見分 第五
여래실견분 제오

須菩提 於意云何 可以身相 見如來不 不也
수보리 어의운하 가이신상 견여래부 불야

世尊 不可以身相 得見如來 何以故 如來所說
세존 불가이신상 득견여래 하이고 여래소설

身相 卽非身相 佛告須菩提 凡所有相 皆是虛
신상 즉비신상 불고수보리 범소유상 개시허

妄 若見諸相非相 則見如來
망 약견제상비상 즉견여래

正信稀有分 第六
정신희유분 제육

須菩提白佛言 世尊 頗有衆生 得聞如是言說
수보리백불언 세존 파유중생 득문여시언설

章句 生實信不 佛告須菩提 莫作是說 如來滅
장구 생실신부 불고수보리 막작시설 여래멸

後 後五百歲 有持戒修福者 於此章句 能生信
후 후오백세 유지계수복자 어차장구 능생신

心 以此爲實 當知 是人 不於一佛二佛三四五
심 이차위실 당지 시인 불어일불이불삼사오

佛 而種善根 已於無量千萬佛所 種諸善根 聞
불 이종선근 이어무량천만불소 종제선근 문

是章句 乃至一念生淨信者 須菩提 如來 悉知
시장구 내지일념생정신자 수보리 여래 실지

悉見 是諸衆生 得如是無量福德 何以故 是諸
실견 시제중생 득여시무량복덕 하이고 시제

衆生 無復我相人相衆生相壽者相 無法相 亦
중생 무부아상인상중생상수자상 무법상 역

無非法相 何以故 是諸衆生 若心取相 則爲著
무비법상 하이고 시제중생 약심취상 즉위착

我人衆生壽者 若取法相 卽著我人衆生壽者
아인중생수자 약취법상 즉착아인중생수자

何以故 若取非法相 卽著我人衆生壽者 是故
하이고 약취비법상 즉착아인중생수자 시고

不應取法 不應取非法 以是義故 如來常說
불응취법 불응취비법 이시의고 여래상설

汝等比丘 知我說法 如筏喩者 法尙應捨 何況
여 등 비 구 지 아 설 법 여 벌 유 자 법 상 응 사 하 황

非法
비 법

無得無說分 第七
무 득 무 설 분 제 칠

須菩提 於意云何 如來 得阿耨多羅三藐三菩
수 보 리 어 의 운 하 여 래 득 아 뇩 다 라 삼 먁 삼 보

提耶 如來 有所說法耶 須菩提言 如我解佛所
리 야 여 래 유 소 설 법 야 수 보 리 언 여 아 해 불 소

說義 無有定法名阿耨多羅三藐三菩提 亦無有
설 의 무 유 정 법 명 아 뇩 다 라 삼 먁 삼 보 리 역 무 유

定法如來可說 何以故 如來所說法 皆不可取
정 법 여 래 가 설 하 이 고 여 래 소 설 법 개 불 가 취

不可說 非法 非非法 所以者何 一切賢聖 皆以
불 가 설 비 법 비 비 법 소 이 자 하 일 체 현 성 개 이

無爲法 而有差別
무 위 법 이 유 차 별

依法出生分 第八
의 법 출 생 분 제 팔

須菩提 於意云何 若人 滿三千大千世界七寶
수보리 어의운하 약인 만삼천대천세계칠보

以用布施 是人 所得福德 寧爲多不 須菩提言
이용보시 시인 소득복덕 영위다부 수보리언

甚多 世尊 何以故 是福德 卽非福德性 是故
심다 세존 하이고 시복덕 즉비복덕성 시고

如來說福德多 若復有人 於此經中 受持乃至
여래설복덕다 약부유인 어차경중 수지내지

四句偈等 爲他人說 其福 勝彼 何以故 須菩提
사구게등 위타인설 기복 승피 하이고 수보리

一切諸佛 及諸佛阿耨多羅三藐三菩提法 皆從
일체제불 급제불아뇩다라삼먁삼보리법 개종

此經出 須菩提 所謂佛法者 卽非佛法
차경출 수보리 소위불법자 즉비불법

一相無相分 第九
일상무상분 제구

須菩提 於意云何 須陀洹 能作是念 我得須陀
수보리 어의운하 수다원 능작시념 아득수다

洹果不 須菩提言 不也 世尊 何以故 須陀洹
원과부 수보리언 불야 세존 하이고 수다원

名爲入流 而無所入 不入色聲香味觸法 是名
명위입류 이무소입 불입색성향미촉법 시명

須陀洹 須菩提 於意云何 斯陀含 能作是念
수다원 수보리 어의운하 사다함 능작시념

我得斯陀含果不 須菩提言 不也 世尊 何以故
아득사다함과부 수보리언 불야 세존 하이고

斯陀含 名一往來 而實無往來 是名斯陀含 須
사다함 명일왕래 이실무왕래 시명사다함 수

菩提 於意云何 阿那含 能作是念 我得阿那含
보리 어의운하 아나함 능작시념 아득아나함

果不 須菩提言 不也 世尊 何以故 阿那含 名
과부 수보리언 불야 세존 하이고 아나함 명

爲不來 而實無來 是故 名阿那含 須菩提 於意
위불래 이실무래 시고 명아나함 수보리 어의

云何 阿羅漢 能作是念 我得阿羅漢道不 須菩
운하 아라한 능작시념 아득아라한도부 수보

提言 不也 世尊 何以故 實無有法名阿羅漢 世
리언 불야 세존 하이고 실무유법명아라한 세

尊 若阿羅漢 作是念 我得阿羅漢道 卽爲著我
존 약아라한 작시념 아득아라한도 즉위착아

人衆生壽者 世尊 佛 說我得無諍三昧 人中 最
인중생수자 세존 불 설아득무쟁삼매 인중 최

爲第一 是第一離欲阿羅漢 我不作是念 我是
위제일 시제일리욕아라한 아부작시념 아시

離欲阿羅漢 世尊 我若作是念 我得阿羅漢道
리욕아라한 세존 아약작시념 아득아라한도

世尊 則不說須菩提 是樂阿蘭那行者 以須菩
세존 즉불설수보리 시요아란나행자 이수보

提 實無所行 而名須菩提 是樂阿蘭那行
리 실무소행 이명수보리 시요아란나행

莊嚴淨土分 第十
장엄정토분 제십

佛告須菩提 於意云何 如來 昔在然燈佛所
불고수보리 어의운하 여래 석재연등불소

於法 有所得不 世尊 如來 在然燈佛所 於法
어법 유소득부 세존 여래 재연등불소 어법

實無所得 須菩提 於意云何 菩薩莊嚴佛土不
실무소득 수보리 어의운하 보살장엄불토부

不也 世尊 何以故 莊嚴佛土者 則非莊嚴 是名
불야 세존 하이고 장엄불토자 즉비장엄 시명

莊嚴 是故 須菩提 諸菩薩摩訶薩 應如是生清
장엄 시고 수보리 제보살마하살 응여시생청

淨心 不應住色 生心 不應住聲香味觸法 生心
정심 불응주색 생심 불응주성향미촉법 생심

應無所住 而生其心 須菩提 譬如有人 身如須
응무소주 이생기심 수보리 비여유인 신여수

彌山王 於意云何 是身爲大不 須菩提言 甚大
미산왕 어의운하 시신위대부 수보리언 심대

世尊 何以故 佛說非身 是名大身
세존 하이고 불설비신 시명대신

無爲福勝分 第十一
무위복승분 제십일

須菩提 如恒河中所有沙數 如是沙等恒河 於
수보리 여항하중소유사수 여시사등항하 어

意云何 是諸恒河沙 寧爲多不 須菩提言 甚多
의운하 시제항하사 영위다부 수보리언 심다

世尊 但諸恒河 尚多無數 何況其沙 須菩提 我
세존 단제항하 상다무수 하황기사 수보리 아

今實言 告汝 若有善男子善女人 以七寶 滿爾
금실언 고여 약유선남자선여인 이칠보 만이

所恒河沙數三千大千世界 以用布施 得福 多
소항하사수삼천대천세계 이용보시 득복 다

不 須菩提言 甚多 世尊 佛告須菩提 若善男子
부 수보리언 심다 세존 불고수보리 약선남자

善女人 於此經中 乃至受持四句偈等 爲他人
선여인 어차경중 내지수지사구게등 위타인

說 而此福德 勝前福德
설 이차복덕 승전복덕

尊重正教分 第十二
존중정교분 제십이

復次須菩提 隨說是經 乃至四句偈等 當知 此
부차수보리 수설시경 내지사구게등 당지 차

處 一切世間天人阿修羅 皆應供養 如佛塔廟
처 일체세간천인아수라 개응공양 여불탑묘

何況有人 盡能受持讀誦 須菩提 當知 是人 成
하황유인 진능수지독송 수보리 당지 시인 성

就最上第一希有之法 若是經典所在之處 則爲
취최상제일희유지법 약시경전소재지처 즉위

有佛 若尊重弟子
유불 약존중제자

如法受持分 第十三
여법수지분 제십삼

爾時 須菩提白佛言 世尊 當何名此經 我等
이시 수보리백불언 세존 당하명차경 아등

云何奉持 佛告須菩提 是經 名爲金剛般若波
운하봉지 불고수보리 시경 명위금강반야바

羅蜜 以是名字 汝當奉持 所以者何 須菩提 佛
라밀 이시명자 여당봉지 소이자하 수보리 불

說般若波羅蜜 則非般若波羅蜜 須菩提 於意
설반야바라밀 즉비반야바라밀 수보리 어의

云何 如來 有所說法不 須菩提白佛言 世尊
운하 여래 유소설법부 수보리백불언 세존

如來 無所說 須菩提 於意云何 三千大千世界
여래 무소설 수보리 어의운하 삼천대천세계

所有微塵 是爲多不 須菩提言 甚多 世尊 須菩
소유미진 시위다부 수보리언 심다 세존 수보

提 諸微塵 如來說非微塵 是名微塵 如來說世
리 제미진 여래설비미진 시명미진 여래설세

界 非世界 是名世界 須菩提 於意云何 可以三
계 비세계 시명세계 수보리 어의운하 가이삼

十二相 見如來不 不也 世尊 不可以三十二相
십이상 견여래부 불야 세존 불가이삼십이상

得見如來 何以故 如來說三十二相 卽是非相
득견여래 하이고 여래설삼십이상 즉시비상

是名三十二相 須菩提 若有善男子善女人 以
시명삼십이상 수보리 약유선남자선여인 이

恒河沙等身命 布施 若復有人 於此經中 乃至
항하사등신명 보시 약부유인 어차경중 내지

受持四句偈等 爲他人說 其福 甚多
수지사구게등 위타인설 기복 심다

離相寂滅分 第十四
리상적멸분 제십사

爾時 須菩提 聞說是經 深解義趣 涕淚悲泣
이시 수보리 문설시경 심해의취 체루비읍

而白佛言 希有 世尊 佛 說如是甚深經典 我從
이백불언 희유 세존 불 설여시심심경전 아종

昔來 所得慧眼 未曾得聞如是之經 世尊 若復
석래 소득혜안 미증득문여시지경 세존 약부

有人 得聞是經 信心淸淨 則生實相 當知是人
유인 득문시경 신심청정 즉생실상 당지시인

成就第一希有功德 世尊 是實相者 則是非相
성취제일희유공덕 세존 시실상자 즉시비상

是故 如來說名實相 世尊 我今得聞如是經典
시고 여래설명실상 세존 아금득문여시경전

信解受持 不足爲難 若當來世 後五百歲 其有
신해수지 부족위난 약당래세 후오백세 기유

衆生 得聞是經 信解受持 是人 則爲第一希有
중생 득문시경 신해수지 시인 즉위제일희유

何以故 此人 無我相人相衆生相壽者相 所以
하이고 차인 무아상인상중생상수자상 소이

者何 我相 卽是非相 人相衆生相壽者相 卽是
자하 아상 즉시비상 인상중생상수자상 즉시

非相 何以故 離一切諸相 則名諸佛 佛告須菩
비상 하이고 리일체제상 즉명제불 불고수보

提 如是如是 若復有人 得聞是經 不驚不怖不
리 여시여시 약부유인 득문시경 불경불포불

畏 當知 是人 甚爲希有 何以故 須菩提 如來
외 당지 시인 심위희유 하이고 수보리 여래

說第一波羅蜜 非第一波羅蜜 是名第一波羅蜜
설제일바라밀 비제일바라밀 시명제일바라밀

須菩提 忍辱波羅蜜 如來說非忍辱波羅蜜 何
수보리 인욕바라밀 여래설비인욕바라밀 하

以故 須菩提 如我昔爲歌利王 割截身體 我於
이고 수보리 여아석위가리왕 할절신체 아어

爾時 無我相 無人相 無衆生相 無壽者相 何以
이시 무아상 무인상 무중생상 무수자상 하이

故 我於往昔節節支解時 若有我相人相衆生相
고 아어왕석절절지해시 약유아상인상중생상

壽者相 應生瞋恨 須菩提 又念過去於五百世
수자상 응생진한 수보리 우념과거어오백세

作忍辱仙人 於爾所世 無我相 無人相 無衆生
작인욕선인 어이소세 무아상 무인상 무중생

相 無壽者相 是故 須菩提 菩薩 應離一切相
상 무수자상 시고 수보리 보살 응리일체상

發阿耨多羅三藐三菩提心 不應住色 生心 不
발아뇩다라삼먁삼보리심 불응주색 생심 불

應住聲香味觸法 生心 應生無所住心 若心有
응주성향미촉법 생심 응생무소주심 약심유

住 則爲非住 是故 佛說菩薩 心不應住色 布施
주 즉위비주 시고 불설보살 심불응주색 보시

須菩提 菩薩 爲利益一切衆生 應如是布施 如
수보리 보살 위이익일체중생 응여시보시 여

來說一切諸相 卽是非相 又說一切衆生 則非
래설일체제상 즉시비상 우설일체중생 즉비

衆生 須菩提 如來 是眞語者 實語者 如語者
중생 수보리 여래 시진어자 실어자 여어자

不誑語者 不異語者 須菩提 如來所得法 此法
불광어자 불이어자 수보리 여래소득법 차법

無實無虛 須菩提 若菩薩 心住於法 而行布施
무실무허 수보리 약보살 심주어법 이행보시

如人 入闇 則無所見 若菩薩 心不住法 而行布
여인 입암 즉무소견 약보살 심부주법 이행보

施 如人 有目 日光明照 見種種色 須菩提 當
시 여인 유목 일광명조 견종종색 수보리 당

來之世 若有善男子善女人 能於此經 受持讀
래지세 약유선남자선여인 능어차경 수지독

誦 則爲如來 以佛智慧 悉知是人 悉見是人 皆
송 즉위여래 이불지혜 실지시인 실견시인 개

得成就無量無邊功德
득성취무량무변공덕

持經功德分 第十五
지경공덕분 제십오

須菩提 若有善男子善女人 初日分 以恒河沙
수보리 약유선남자선여인 초일분 이항하사

等身 布施 中日分 復以恒河沙等身 布施 後日
등신 보시 중일분 부이항하사등신 보시 후일

分 亦以恒河沙等身 布施 如是無量百千萬億
분 역이항하사등신 보시 여시무량백천만억

劫 以身布施 若復有人 聞此經典 信心不逆
겁 이신보시 약부유인 문차경전 신심불역

其福 勝彼 何況書寫受持讀誦 爲人解說 須
기복 승피 하황서사수지독송 위인해설 수

菩提 以要言之 是經 有不可思議不可稱量無
보리 이요언지 시경 유불가사의불가칭량무

邊功德 如來爲發大乘者說 爲發最上乘者說
변공덕 여래위발대승자설 위발최상승자설

若有人 能受持讀誦 廣爲人說 如來 悉知是人
약유인 능수지독송 광위인설 여래 실지시인

悉見是人 皆得成就不可量不可稱無有邊不可
실견시인 개득성취불가량불가칭무유변불가

思議功德 如是人等 則爲荷擔如來阿耨多羅三
사의공덕 여시인등 즉위하담여래아뇩다라삼

耨三菩提 何以故 須菩提 若樂小法者 著我見
먁삼보리 하이고 수보리 약요소법자 착아견

人見衆生見壽者見 則於此經 不能聽受讀誦
인견중생견수자견 즉어차경 불능청수독송

爲人解說 須菩提 在在處處 若有此經 一切
위인해설 수보리 재재처처 약유차경 일체

世間天人阿修羅 所應供養 當知 此處 則爲是
세간천인아수라 소응공양 당지 차처 즉위시

塔 皆應恭敬 作禮圍繞 以諸華香 而散其處
탑 개응공경 작례위요 이제화향 이산기처

能淨業障分 第十六
능정업장분 제십육

復次須菩提 善男子善女人 受持讀誦此經 若
부차수보리 선남자선여인 수지독송차경 약

爲人輕賤 是人 先世罪業 應墮惡道 以今世人
위인경천 시인 선세죄업 응타악도 이금세인

輕賤故 先世罪業 則爲消滅 當得阿耨多羅三
경천고 선세죄업 즉위소멸 당득아뇩다라삼

藐三菩提 須菩提 我念過去無量阿僧祇劫 於
먁삼보리 수보리 아념과거무량아승기겁 어

然燈佛前 得値八百四千萬億那由他諸佛 悉皆
연등불전 득치팔백사천만억나유타제불 실개

供養承事 無空過者 若復有人 於後末世 能受
공양승사 무공과자 약부유인 어후말세 능수

持讀誦此經 所得功德 於我所供養諸佛功德
지독송차경 소득공덕 어아소공양제불공덕

百分 不及一 千萬億分 乃至算數譬喻 所不能
백분 불급일 천만억분 내지산수비유 소불능

及 須菩提 若善男子善女人 於後末世 有受持
급 수보리 약선남자선여인 어후말세 유수지

讀誦此經 所得功德 我若具說者 或有人聞 心
독송차경 소득공덕 아약구설자 혹유인문 심

則狂亂 狐疑不信 須菩提 當知 是經 義 不可
즉광란 호의불신 수보리 당지 시경 의 불가

思議 果報 亦不可思議
사의 과보 역불가사의

究竟無我分 第十七
구경무아분 제십칠

爾時 須菩提白佛言 世尊 善男子善女人 發阿
이시 수보리백불언 세존 선남자선여인 발아

耨多羅三藐三菩提心 云何應住 云何降伏其心
녹다라삼먁삼보리심 운하응주 운하항복기심

佛告須菩提 善男子善女人 發阿耨多羅三藐三
불고수보리 선남자선여인 발아녹다라삼먁삼

菩提者 當生如是心 我應滅度一切衆生 滅度
보리자 당생여시심 아응멸도일체중생 멸도

一切衆生已 而無有一衆生 實滅度者 何以故
일체중생이 이무유일중생 실멸도자 하이고

須菩提 若菩薩 有我相人相衆生相壽者相 則
수보리 약보살 유아상인상중생상수자상 즉

非菩薩 所以者何 須菩提 實無有法發阿耨多
비보살 소이자하 수보리 실무유법발아녹다

羅三藐三菩提者 須菩提 於意云何 如來 於然
라삼먁삼보리자 수보리 어의운하 여래 어연

燈佛所 有法得阿耨多羅三藐三菩提不 不也
등불소 유법득아녹다라삼먁삼보리부 불야

世尊 如我解佛所說義 佛 於然燈佛所 無有法
세존 여아해불소설의 불 어연등불소 무유법

得阿耨多羅三藐三菩提 佛言 如是如是 須菩
득아녹다라삼먁삼보리 불언 여시여시 수보

提 實無有法如來得阿耨多羅三藐三菩提 須菩
리 실무유법여래득아녹다라삼먁삼보리 수보

提 若有法如來得阿耨多羅三藐三菩提者 然燈
리 약유법여래득아녹다라삼먁삼보리자 연등

佛 則不與我受記 汝於來世 當得作佛 號釋迦
불 즉불여아수기 여어래세 당득작불 호석가

牟尼 以實無有法得阿耨多羅三藐三菩提 是故
모니 이실무유법득아녹다라삼먁삼보리 시고

然燈佛 與我受記 作是言 汝於來世 當得作佛
연등불 여아수기 작시언 여어래세 당득작불

號釋迦牟尼 何以故 如來者 卽諸法如義 若有
호석가모니 하이고 여래자 즉제법여의 약유

人言 如來 得阿耨多羅三藐三菩提 須菩提 實
인언 여래 득아녹다라삼먁삼보리 수보리 실

無有法佛得阿耨多羅三藐三菩提 須菩提 如來
무유법불득아녹다라삼먁삼보리 수보리 여래

所得阿耨多羅三藐三菩提 於是中 無實無虛
소득아녹다라삼먁삼보리 어시중 무실무허

是故 如來說一切法 皆是佛法 須菩提 所言一
시고 여래설일체법 개시불법 수보리 소언일

切法者 卽非一切法 是故 名一切法 須菩提 譬
체법자 즉비일체법 시고 명일체법 수보리 비

如人身長大 須菩提言 世尊 如來說人身長大
여인신장대 수보리언 세존 여래설인신장대

則爲非大身 是名大身 須菩提 菩薩 亦如是 若
즉위비대신 시명대신 수보리 보살 역여시 약

作是言 我當滅度無量衆生 則不名菩薩 何以
작시언 아당멸도무량중생 즉불명보살 하이

故 須菩提 實無有法名爲菩薩 是故 佛說一切
고 수보리 실무유법명위보살 시고 불설일체

法 無我無人無衆生無壽者 須菩提 若菩薩 作
법 무아무인무중생무수자 수보리 약보살 작

是言 我當莊嚴佛土 是不名菩薩 何以故 如來
시언 아당장엄불토 시불명보살 하이고 여래

說莊嚴佛土者 卽非莊嚴 是名莊嚴 須菩提 若
설장엄불토자 즉비장엄 시명장엄 수보리 약

菩薩 通達無我法者 如來 說名眞是菩薩
보살 통달무아법자 여래 설명진시보살

一體同觀分 第十八
일체동관분 제십팔

須菩提 於意云何 如來有肉眼不 如是 世尊
수보리 어의운하 여래유육안부 여시 세존

如來有肉眼 須菩提 於意云何 如來有天眼不
여래유육안 수보리 어의운하 여래유천안부

如是 世尊 如來有天眼 須菩提 於意云何 如來
여시 세존 여래유천안 수보리 어의운하 여래

有慧眼不 如是 世尊 如來有慧眼 須菩提 於意
유혜안부 여시 세존 여래유혜안 수보리 어의

云何 如來有法眼不 如是 世尊 如來有法眼 須
운하 여래유법안부 여시 세존 여래유법안 수

菩提 於意云何 如來有佛眼不 如是 世尊 如來
보리 어의운하 여래유불안부 여시 세존 여래

有佛眼 須菩提 於意云何 恒河中所有沙 佛說
유불안 수보리 어의운하 항하중소유사 불설

是沙不 如是 世尊 如來說是沙 須菩提 於意云
시사부 여시 세존 여래설시사 수보리 어의운

何 如一恒河中所有沙 有如是等恒河 是諸恒
하 여일항하중소유사 유여시등항하 시제항

河所有沙數 佛世界 如是 寧爲多不 甚多 世尊
하소유사수 불세계 여시 영위다부 심다 세존

佛告須菩提 爾所國土中 所有衆生 若干種心
불고수보리 이소국토중 소유중생 약간종심

如來悉知 何以故 如來說諸心 皆爲非心 是名
여래실지 하이고 여래설제심 개위비심 시명

爲心 所以者何 須菩提 過去心不可得 現在心
위심 소이자하 수보리 과거심불가득 현재심

不可得 未來心不可得
불가득 미래심불가득

法界通化分 第十九
법계통화분 제십구

須菩提 於意云何 若有人 滿三千大千世界七
수보리 어의운하 약유인 만삼천대천세계칠

寶 以用布施 是人 以是因緣 得福 多不 如是
보 이용보시 시인 이시인연 득복 다부 여시

世尊 此人 以是因緣 得福 甚多 須菩提 若福
세존 차인 이시인연 득복 심다 수보리 약복

德有實 如來不說得福德多 以福德無故 如來
덕유실 여래불설득복덕다 이복덕무고 여래

說得福德多
설득복덕다

離色離相分 第二十
리색리상분 제이십

須菩提 於意云何 佛 可以具足色身 見不 不也
수보리 어의운하 불 가이구족색신 견부 불야

世尊 如來 不應以具足色身 見 何以故 如來說
세존 여래 불응이구족색신 견 하이고 여래설

具足色身 卽非具足色身 是名具足色身 須菩
구족색신 즉비구족색신 시명구족색신 수보

提 於意云何 如來 可以具足諸相 見不 不也
리 어의운하 여래 가이구족제상 견부 불야

世尊 如來 不應以具足諸相 見 何以故 如來說
세존 여래 불응이구족제상 견 하이고 여래설

諸相具足 卽非具足 是名諸相具足
제상구족 즉비구족 시명제상구족

非說所說分 第二十一
비설소설분 제이십일

須菩提 汝 勿謂 如來 作是念 我當有所說法
수보리 여 물위 여래 작시념 아당유소설법

莫作是念 何以故 若人言 如來 有所說法 卽爲
막 작 시 념 하 이 고 약 인 언 여 래 유 소 설 법 즉 위

謗佛 不能解我所說故 須菩提 說法者 無法可
방 불 불 능 해 아 소 설 고 수 보 리 설 법 자 무 법 가

說 是名說法 爾時 慧命須菩提白佛言 世尊 頗
설 시 명 설 법 이 시 혜 명 수 보 리 백 불 언 세 존 파

有衆生 於未來世 聞說是法 生信心不 佛言 須
유 중 생 어 미 래 세 문 설 시 법 생 신 심 부 불 언 수

菩提 彼非衆生 非不衆生 何以故 須菩提 衆生
보 리 피 비 중 생 비 불 중 생 하 이 고 수 보 리 중 생

衆生者 如來說非衆生 是名衆生
중 생 자 여 래 설 비 중 생 시 명 중 생

無法可得分 第二十二
무 법 가 득 분 제 이 십 이

須菩提白佛言 世尊 佛 得阿耨多羅三藐三菩
수 보 리 백 불 언 세 존 불 득 아 뇩 다 라 삼 먁 삼 보

提 爲無所得耶 如是如是 須菩提 我於阿耨多
리 위 무 소 득 야 여 시 여 시 수 보 리 아 어 아 뇩 다

羅三藐三菩提 乃至無有少法可得 是名阿耨多
라 삼 먁 삼 보 리 내 지 무 유 소 법 가 득 시 명 아 뇩 다

羅三藐三菩提
라 삼 먁 삼 보 리

淨心行善分 第二十三
정 심 행 선 분 제 이 십 삼

復次須菩提 是法 平等 無有高下 是名阿耨多
부 차 수 보 리 시 법 평 등 무 유 고 하 시 명 아 뇩 다

羅三藐三菩提 以無我無人無衆生無壽者 修一
라 삼 먁 삼 보 리 이 무 아 무 인 무 중 생 무 수 자 수 일

切善法 則得阿耨多羅三藐三菩提 須菩提 所
체 선 법 즉 득 아 뇩 다 라 삼 먁 삼 보 리 수 보 리 소

言善法者 如來說非善法 是名善法
언 선 법 자 여 래 설 비 선 법 시 명 선 법

福智無比分 第二十四
복 지 무 비 분 제 이 십 사

須菩提 若三千大千世界中 所有諸須彌山王
수 보 리 약 삼 천 대 천 세 계 중 소 유 제 수 미 산 왕

如是等七寶聚 有人 持用布施 若人 以此般若
여 시 등 칠 보 취 유 인 지 용 보 시 약 인 이 차 반 야

波羅蜜經 乃至四句偈等 受持讀誦 爲他人說
바 라 밀 경 내 지 사 구 게 등 수 지 독 송 위 타 인 설

於前福德 百分 不及一 百千萬億分 乃至算數
어 전 복 덕 백 분 불 급 일 백 천 만 억 분 내 지 산 수

譬喩 所不能及
비 유 소 불 능 급

化無所化分 第二十五
화무소화분 제이십오

須菩提 (於意云何) 汝等 勿謂 如來 作是念 我當
수보리 여등 물위 여래 작시념 아당

度衆生 須菩提 莫作是念 何以故 實無有衆生
도중생 수보리 막작시념 하이고 실무유중생

如來度者 若有衆生如來度者 如來 則有我人
여래도자 약유중생여래도자 여래 즉유아인

衆生壽者 須菩提 如來說有我者 則非有我 而
중생수자 수보리 여래설유아자 즉비유아 이

凡夫之人 以爲有我 須菩提 凡夫者 如來說則
범부지인 이위유아 수보리 범부자 여래설즉

非凡夫
비범부

法身非相分 第二十六
법신비상분 제이십육

須菩提 於意云何 可以三十二相 觀如來不
수보리 어의운하 가이삼십이상 관여래부

須菩提言 如是如是 以三十二相 觀如來 佛言
수보리언 여시여시 이삼십이상 관여래 불언

須菩提 若以三十二相 觀如來者 轉輪聖王 則
수보리 약이삼십이상 관여래자 전륜성왕 즉

是如來 須菩提白佛言 世尊 如我解佛所說義
시여래 수보리백불언 세존 여아해불소설의

不應以三十二相 觀如來 爾時 世尊 而說偈言
불응이삼십이상 관여래 이시 세존 이설게언

若以色見我 以音聲求我 是人行邪道 不能見
약이색견아 이음성구아 시인행사도 불능견

如來
여래

無斷無滅分 第二十七
무단무멸분 제이십칠

須菩提 汝若作是念 如來 不以具足相故 得阿
수보리 여약작시념 여래 불이구족상고 득아

耨多羅三藐三菩提 須菩提 莫作是念 如來 不
뇩다라삼먁삼보리 수보리 막작시념 여래 불

以具足相故 得阿耨多羅三藐三菩提 須菩提
이구족상고 득아뇩다라삼먁삼보리 수보리

汝若作是念 發阿耨多羅三藐三菩提者 說諸法
여약작시념 발아뇩다라삼먁삼보리자 설제법

斷滅相 莫作是念 何以故 發阿耨多羅三藐三
단멸상 막작시념 하이고 발아뇩다라삼먁삼

菩提心者 於法 不說斷滅相
보리심자 어법 불설단멸상

不受不貪分 第二十八
불수불탐분 제이십팔

須菩提 若菩薩 以滿恒河沙等世界七寶 布施
수보리 약보살 이만항하사등세계칠보 보시

若復有人 知一切法無我 得成於忍 此菩薩
약부유인 지일체법무아 득성어인 차보살

勝前菩薩 所得功德 須菩提 以諸菩薩 不受福
승전보살 소득공덕 수보리 이제보살 불수복

德故 須菩提白佛言 世尊 云何菩薩 不受福德
덕고 수보리백불언 세존 운하보살 불수복덕

須菩提 菩薩 所作福德 不應貪着 是故 說不受
수보리 보살 소작복덕 불응탐착 시고 설불수

福德
복덕

威儀寂靜分 第二十九
위의적정분 제이십구

須菩提 若有人言 如來 若來 若去 若坐 若臥
수보리 약유인언 여래 약래 약거 약좌 약와

是人 不解我所說義 何以故 如來者 無所從來
시인 불해아소설의 하이고 여래자 무소종래

亦無所去 故名如來
역무소거 고명여래

一合相理分 第三十
일합상리분 제삼십

須菩提 若善男子善女人 以三千大千世界
수보리 약선남자선여인 이삼천대천세계

碎爲微塵 於意云何 是微塵衆 寧爲多不 甚多
쇄위미진 어의운하 시미진중 영위다부 심다

世尊 何以故 若是微塵衆 實有者 佛 則不說是
세존 하이고 약시미진중 실유자 불 즉불설시

微塵衆 所以者何 佛說微塵衆 則非微塵衆 是
미진중 소이자하 불설미진중 즉비미진중 시

名微塵衆 世尊 如來所說三千大千世界 則非
명미진중 세존 여래소설삼천대천세계 즉비

世界 是名世界 何以故 若世界 實有者 則是一
세계 시명세계 하이고 약세계 실유자 즉시일

合相 如來說一合相 則非一合相 是名一合相
합상 여래설일합상 즉비일합상 시명일합상

須菩提 一合相者 則是不可說 但凡夫之人
수보리 일합상자 즉시불가설 단범부지인

貪著其事
탐착기사

知見不生分 第三十一
지·견불생분 제삼십일

須菩提 若人言 佛 說我見人見衆生見壽者見
수보리 약인언 불 설아견인견중생견수자견

須菩提 於意云何 是人 解我所說義不 世尊 是
수보리 어의운하 시인 해아소설의부 세존 시

人 不解如來所說義 何以故 世尊 說我見人見
인 불해여래소설의 하이고 세존 설아견인견

衆生見壽者見 卽非我見人見衆生見壽者見
중생견수자견 즉비아견인견중생견수자견

是名我見人見衆生見壽者見 須菩提 發阿耨多
시명아견인견중생견수자견 수보리 발아뇩다

羅三藐三菩提心者 於一切法 應如是知 如是
라삼먁삼보리심자 어일체법 응여시지 여시

見 如是信解 不生法相 須菩提 所言法相者
견 여시신해 불생법상 수보리 소언법상자

如來 說卽非法相 是名法相
여래 설즉비법상 시명법상

應化非眞分 第三十二
응화비진분 제삼십이

須菩提 若有人 以滿無量阿僧祇世界七寶
수보리 약유인 이만무량아승기세계칠보

持用布施 若有善男子善女人 發菩薩心者
지용보시 약유선남자선여인 발보살심자

持於此經 乃至四句偈等 受持讀誦 爲人演說
지어차경 내지사구게등 수지독송 위인연설

其福 勝彼 云何爲人演說 不取於相 如如不動
기복 승피 운하위인연설 불취어상 여여부동

何以故
하이고

一切有爲法 如夢幻泡影 如露亦如電 應作如
일체유위법 여몽환포영 여로역여전 응작여

是觀
시관

佛說是經已 長老須菩提 及諸比丘比丘尼 優
불설시경이 장로수보리 급제비구비구니 우

婆塞優婆夷 一切世間天人阿修羅 聞佛所說
바새우바이 일체세간천인아수라 문불소설

皆大歡喜 信受奉行
개대환희 신수봉행

金剛般若波羅蜜經
금강반야바라밀경

眞言
진언

那謨婆伽跋帝 鉢喇壤 波羅弭多曳
나모바가바떼 쁘랏냐 빠라미따예

唵 伊利底 伊室利 輸盧馱 毘舍耶毘舍耶
옴 이리띠 이실리 슈리따 비샤야비샤야

莎婆訶
스와하

戊戌歲高麗國大藏都監奉勅彫造
무술세고려국대장도감봉칙조조

(고려대장경에는 띄어쓰기와 32단락의 명칭은 없음)

【 일 러 두 기 】

본 한글 번역은 가급적이면 그 뜻을 취하여서 누구나 읽기 쉽고 그 의미가 가슴에 닿도록 하였습니다. 약간은 자유롭게 번역한 부분이 있으나, 결코 본뜻에 어긋나지 않도록 최선을 다하였사오니, 양지하여 주시고 혹여 잘못된 부분에 대해선 아낌없는 질정 바랍니다.

1. 이 번역은 쿠마라지바(鳩摩羅什)의 한역인 고려대장경 '금강반야바라밀경' 을 저본으로 사용하였습니다.
2. 단락은 전통대로 당나라 소명태자의 32단락을 택하였으며, 독송을 위하여서 한글금강경에서는 생략하였습니다. 단락의 명칭은 제2분을 제외하고는 불갑사 소장 '금강경언해' 를 따랐습니다.
3. 용어풀이에 있어서는 번쇄함을 최소화하고 그 의미 전달만을 꾀하였습니다.
4. 행의 구별은 독송을 위주로 삼았기에 시각적인 면을 중시하였습니다.
5. 경전은 소리 내어 독송되는 일면이 있다는 점을 감안하여 운율에 중점을 두었습니다. 그렇기 때문에 읽으면 읽을수록 그 리듬이 생생해지고 더 나아가 의미도 확연해질 겁니다.
6. 경전을 읽으시되 눈이 아닌 입으로 소리 내어 읽으시기 바랍니다. 비록 처음에는 어렵겠지만 거듭 읽을수록 새록새록 느껴질 것입니다. 그 어떤 해설서를 읽는 것보다 스스로가 소리 내어 매일매일 독송해야 비로소 자기 살림이 될 수 있습니다.

읽고, 또 읽고, 또 읽어서 편안한 마음 얻으소서.

【용어풀이】

경의 제목

· **금강(金剛)** : 범어로는 바즈라(vajra)인데, 하늘의 제석천왕이 사용하는 무기인 금강저가 이것이다. 모든 것을 부술 수 있는 동시에 그 어떤 것도 이것을 부술 수는 없다고 함.

· **반야(般若)** : 초월적 지혜. 무분별(無分別)의 지혜.

· **바라밀(波羅蜜)** : 바라밀다라고도 함. 생사의 이 언덕을 떠나 열반의 저 언덕인 피안에 이른다는 뜻. 도피안(到彼岸).

※반야란 말은 지혜라고 번역하지만 그 깊은 뜻을 전하기엔 부족하기에 '초월적 지혜'라고 함이 더욱 근접한 번역이라 할 수 있다. 세속적 지혜는 갈고 닦아서 얻어질 수 있는 것이지만, 이 초월적 지혜는 누구나 본래부터 지니고 있는 지혜인 것이다. 얻어진 것은 사라지지만 얻어진 것이 아니기에 사라질 수 없다. 그렇기에 이 반야는 무명(無明)에 의해서도 결코 그 빛을 잃지 않는다.

이러한 이유로 이름마저도 붙이기 어렵고 딱히 무어라 표현 할 길이 없어 이제 억지로 '금강반야'라고 하니, 맑고도 고요한 금강반야가 능히 무명을 깨트리고 열반을 성취시켜서 해탈의 바다에 노닐게 하는 것이다.

그래서 이 '금강반야바라밀경'이란 의미는 중생의 번뇌가 본래 공적(空寂)하여 실체가 없음을 사무쳐 알고 **'저 열반의 세계에 들도록 하는 초월적 지혜의 경전'**이란 뜻이다.

1. 법회가 열린 동기 法會因由分

· **사위국** : 북쪽의 코살라국을 말함. 남쪽에도 코살라국이 있었기 때문에 그것과 구별하기 위하여 북코살라국은 그 나라의 수도인 '사위'를 따서 사위국이라 부름.

· **기수급고독원** : 사위성에서 서남쪽 지점에 있는 기원정사를 말함. 기타(祇陀)태자가 소유한 동산에 수닷타라는 외롭고 가난한 자를 돕는 자선사업가(급고독장자)가 절을 지어서 부처님께 헌납하였기에, 두 사람의 이름을 따서 생긴 이름임.

· **천이백오십** : ①최초의 제자 교진여 등 5명 ②야사 등 50명 ③ 사리불 등 100명 ④목건련 등 100명 ⑤우루빈나가섭 등 500명 ⑥가야가섭 등 300명 ⑦나제가섭 등 200명 총 1255명이지만 줄여서 1250명으로 일반화됨.

· **비구(比丘)** : 20세가 넘은 부처님의 출가한 남자 승려. 여승은 비구니(比丘尼)라 함.

· **탁발(托鉢)** : 수행자가 손에 발우를 들고 집집으로 다니면서 먹을 것을 얻는 것. 탁발은 자신의 아집과 교만을 없앨 뿐 아니라 공양하는 자에게도 복덕을 길러주는 또 다른 수행임.

· **가사(袈裟)** : 스님들이 입는 법복을 말함.

· **발우(鉢盂)** : 스님들의 밥그릇.

· **세존(世尊)** : 부처님의 열 가지 호칭 가운데 하나. 원래는 '지복을 지닌 사람', '존경받을 만한', '신성한' 등의 의미를 지님. 가끔은 '세상에서 가장 존귀하신 분'이라고 번역함.

2. 수보리가 일어나 법을 청하다. 善現起請分

· **장로(長老)** : 덕이 높고 수행의 세월도 지긋한 자를 칭함.

· **수보리** : 부처님 십대제자 가운데 한 분으로 해공제일(解空第一) 곧, 공에 대한 이해가 가장 뛰어난 제자였다 함.

· **여래(如來)** : 세존과 더불어 부처님의 열 가지 호칭 가운데 하나. '이와 같이 왔다.' 라는 뜻으로 제자들은 물론 부처님 자신도 즐겨 사용하심.

· **보살(菩薩)** : 보리살타의 줄임말로 위로는 진리를 구하고 아래로는 중생을 제도하겠다는 원력을 지니고 수행하는 구도자를 말함.

· **호념(護念)** : 자애로운 어머니가 갓난아이를 돌보듯 한순간도 한눈팔지 않고 보호하고 염려함.

· **아뇩다라삼먁삼보리** : 한자로는 무상정변정각(無上正徧正覺), 무상정등정각(無上正等正覺)이라 번역하며, 부처님의 깨달음을 말함. '최상의 완전한 깨달음' 이라고 일관되게 번역하였음.

· **위촉(委囑)** : 남에게 맡기어 당부함.

3. 대승(大乘)의 진수를 보이다. 大乘正宗分

· **열반(涅槃)** : 번뇌의 불길이 꺼져 탐냄 · 성냄 · 어리석음의 삼독(탐진치:貪瞋癡)이 완전히 소멸된 상태. 그 세계는 참된 지혜의 상태이며 적정의 세계로 대자유를 누리는 해탈의 경지를 일컬음.

· **완전한 열반(무여열반:無餘涅槃)** : 과거의 업의 결과인 육신이 아직 남아 있는 것을 유여열반(有餘涅槃)이라 하고 육신의 속박마저 벗어난 경지를 남음이 없는 곧, 무여열반이라 함.

· **멸도(滅度)** : 열반과 동의어. 번역에 있어서는 제도(濟度)한다는 뜻을 취함. 제도란 중생을 생사의 고해에서 열반의 저 언덕에 이르도록 한다는 말임.

· **나라는 관념(我相)** : 원어는 아트만(attman)으로 절대적인 고정된 자아가 있다는 관념. 이 아트만을 주장하는 모든 부류의 사상은 아상에서 벗어나지 못한 것이므로 부처님께선 그런 자아란 없다는 無我를 강조하심.

· **인간이라는 관념(人相)** : 원어는 뿌드갈라(pudgala)인데 그것은 개체적인 인간, 개별적인 존재란 뜻이 함축되어 있다.

· **중생이라는 관념(衆生相)** : 원어는 사트바(sattva)인데 '살아있는, 존재하는 모든 것' 이란 뜻으로 고정된 생명체가 존재한다는 관념을 말한다.

· **영혼이라는 관념(壽者相)** : 원어는 지와(jiva)인데 '목숨', '생명' 을 뜻함. 곧 사후에 영원불변의 영혼이 존재한다는 관념을 일컫는다.

※위의 사상(四相)은 아상을 근본으로 하여 더욱 세밀하게 분류한 것이라 보아도 무방함. 네 가지를 부정하는 것은 결국은 무아(無我)를 강조한 것임.

4. 오묘한 삶은 어디에도 머물지 않는다. 妙行無住分

· **보시(布施)** : 보살의 여섯 가지 수행 덕목(보시 · 지계 · 인욕 · 정진 · 선정 · 지혜) 가운데 하나로서 널리 베푸는 것을 뜻함.

· **시방(十方)** : 동 · 서 · 남 · 북 · 동남 · 서남 · 동북 · 서북 · 상 · 하로 곧 모든 공간을 말함.

5. 이치대로 실답게 볼지어다 如理實見分

· **서른두 가지 거룩한 모습** : 쿠마라지바의 번역은 신상(身相)이라 하였지만 범어 원본에 따라 부처님께서 지닌 특별한 모습인 삼십이상(三十二相)을 뜻하기에 서른두 가지 거룩한 모습이라 번역하였음.

6. 올바른 믿음은 드물도다. 正信希有分

· **후오백세(後五百歲)** : 부처님께서 입멸하신 뒤를 오백년씩 다섯 단계로 나누어 설명하는데, 그 가운데 맨 나중의 투쟁견고(鬪爭堅固:서로가 옳다고 우기면서 투쟁을 일삼는) 시기를 말함.
참고로 다섯은 ①해탈견고 ②선정견고 ③다문견고 ④탑사견고 ⑤투쟁견고를 말함.

· **계율(戒律)** : 부처님 제자로서 지켜야 할 윤리적인 실천 덕목.

7. 얻을 것도 설할 것도 없다. 無得無說分

· **설법(說法)** : 법을 설하다. 부처님의 가르침을 풀어서 알아듣도록 설명하여 진리의 길로 들어서도록 가르치는 것.

· **현인(賢人)** : 어질고 총명하여 성인 다음가는 사람.

· **성인(聖人)** : 지혜와 덕이 뛰어나서 길이길이 우러러 받들어 본받을 만한 사람.
※불교에서는 보살의 수행의 정도로 총 52단계가 있는데, 그것은 십신(十信), 십주(十住), 십행(十行), 십회향(十廻向), 십지(十地), 등각(等覺), 묘각(妙覺)이다. 그 중에 십신은 아직 성현 지위에 들어간 것으로 보지 않고 십주, 십행, 십회향의 30지위를 세 부류의 현인이란

뜻으로 삼현(三賢)이라 하고, 십지를 성인이라 부르는데 이것을 통칭하여 삼현십성 혹은 간단히 현성(賢聖)이라 함.

· **무위법(無爲法)** : 무위(asamskrta)란 '형성되지 않은', '조건 지어지지 않은'의 뜻으로 무위법이란 그 어떠한 조건에 의해서 생겨난 것이 아닌 절대적인 참된 진리를 말함.

8. 모든 진리가 이 경에서 나온다. 依法出生分

· **삼천대천세계(三千大天世界)** : 하나의 은하계를 1세계라 하며, 이 세계가 1천개 모인 것을 소천세계(小天世界), 이 소천세계가 1천개 모인 것을 중천세계(中天世界), 이 중천세계가 1천개 모인 것을 대천세계(大千世界)라 하는데, 1,000을 세 번 곱했다 해서 삼천대천세계라 함. 끝없이 광활한 온 우주 전체를 뜻하기에 '저 드넓은 온 우주'라 번역하였음.

· **칠보(七寶)** : ①금 ②은 ③유리(푸른빛의 보옥, 요즘의 유리가 아님) ④파려(수정) ⑤자거(백산호) ⑥적주(붉은 진주) ⑦마노(진 녹색의 보옥) 등 일곱 가지 보배로 경전에 따라 약간씩 차이가 있 음.

· **사구게(四句偈)** : 네 구절로 된 게송(偈頌 : 외우기 쉽게 시의 형식으로 부처님의 공덕을 찬탄하는 노래). 여기서는 꼭 그런 의미보다는 짧은 구절이란 뜻으로 받아들이면 됨.

· **경전(經典)** : 성인(聖人)의 언행이나 가르침을 적어놓은 책.

· **불법(佛法)** : 부처님께서 말씀하신 가르침.

9. 하나로되 그것은 모양이 없다. 一相無相分

· **수다원(須陀洹)** : 수행을 통하여 처음으로 성인의 세계에 들어 갔다

하여 입류(入流)라 하고, 생사의 흐름을 거슬러 흘러 들어가기에 역류(逆流)라 한다. 또한 성인의 세계에 참예했다하여 예류 (預流)라고도 함.

· **사다함(斯陀含)** : 수다원 위의 두 번째 단계로 이 윤회의 세계에 한번 온다하여 일래과(一來果)라 함.

· **아나함(阿那含)** : 세 번째 단계로 윤회의 세계에 다시는 오지 않는다는 뜻으로 불환(不還), 불래(不來)라 함.

· **아라한(阿羅漢)** : 가장 높은 네 번째 단계로 다시는 번뇌가 일어나지 않는다는 뜻으로 불생(不生)이라 하며, 응당히 공양 받을 만하다는 뜻으로 응공(應供)이라고도 함.

· **다툼 없는 삼매(無諍三昧)** : 공(空)의 도리를 철저히 깨달았기에 그 마음에 온갖 시비가 끊어져서 다툼이 있을 수 없는 삼매를 말함. 삼매란 행위의 주체는 사라지고 오직 행위만이 존재함을 뜻함.

· **아란나행(阿蘭那行)** : 아란나란 시끄러움이 없이 한적하여 수행하기에 적합한 곳을 뜻함. 또한 '다툼 없는 곳' 으로도 번역한다. 범어 원문에는 앞의 다툼 없는 삼매와 구별 없이 쓰고 있다.

10. 불국정토를 장엄하여 꾸미다 莊嚴淨土分

· **연등부처님(然燈佛)** : 석가모니 부처님께서 전생에 선혜(善慧)라는 수행자였는데 그때의 부처님. 디팡카라불(Dipamkara佛).

· **부처님국토(佛土)** : 정토(淨土)와 동의어로 부처님의 세계. 상대어는 예토(穢土:더러운 땅).

· **수미산(須彌山)** : 우주 중심에 존재한다는 가장 거대한 산으로 경전에 자주 등장하는 산이다. 이 산의 정상에는 제석천왕이 살고 중턱에는 사천왕이 머물고 있다함.

11. 무위(無爲)로 짓는 복은 뛰어나다. 無爲福勝分

· **항하(恒河)** : 인도의 갠지스강.

12. 존중히 받들어야할 올바른 가르침. 尊重正敎分

· **아수라(阿修羅)** : 싸움을 즐기는 신. 하지만, 여기 금강경에서는 불법을 수호하는 신의 의미로 쓰였다. 지옥 · 아귀 · 축생을 삼악도 (三惡道)라하고, 천상 · 인간 · 아수라를 삼선도(三善道)라함.

· **공양(供養)** : 음식, 옷 따위를 삼보나 부모, 스승, 죽은 이에게 올리는 것.

· **불탑묘(佛塔廟)** : 부처님의 사리를 모신 탑.

13. 법답게 받들어 지닐지어다. 如法受持分

· **반야바라밀(般若波羅蜜)** : 육바라밀(六波羅蜜)중의 하나인 지혜바라밀. 바라밀은 바라밀다라고도 하며, 한문으로는 도피안(到彼岸)이라 번역. 곧 지혜라는 실천덕목을 수행하여 피안에 도달함을 뜻함.

14. 관념을 초월함이 열반이다. 離相寂滅分

· **법열(法悅)** : 진리에 사무칠 때의 기쁨. 원문에는 없지만 의미를 좀 더 강조하기 위하여 삽입하였음.

· **존재의 참모습(實相)** : 있는 그대로의 모습. 실상이라는 것이 무슨 모습이 있는 것이 아니다. 실상즉무상(實相卽無相)이란 말과 같이 실상은 아무런 모습이 없는 것이지만, 그 모습 없는 곳에서 모든 모습이

나오기에 유상(有相)과 무상(無相)을 초월한 것이다.

· **최고의 바라밀(第一波羅蜜)** : 원문에는 제일바라밀이라 하였는데 육바라밀 가운데 첫 번째인 보시바라밀이 아니고, 최고의 바라밀이란 뜻임.

· **인욕바라밀** : 육바라밀 중의 하나. 참고 견디는 것으로 완성을 향해 가는 길. 인욕이란 욕됨을 참고 안주하는 것으로 곧, 온갖 모욕과 번뇌를 참고 원한을 일으키지 않는 수행.

· **가리왕(kali王)** : kali란 악하다는 뜻으로 부처님께서 과거세에 인욕선인이 되어 수행할 적에 팔다리를 끊었다고 하는 극악무도한 왕.

· **욕됨을 참는 수행자(忍辱仙人)** : 석가모니 부처님의 전생.

15. 경을 받들어 지닌 공덕. 持經功德分

16. 능히 업장을 맑히다. 能淨業障分

· **아승기(阿僧祇)** : 인도에는 총 124개 숫사의 명칭이 있는데, 그 가운데 105번째를 말한다. (출처:비바사론)

· **겁(劫)** : 시간의 단위로서 겁파라고도 하는데 둘레가 40리 되는 성안에 조그만 개자씨를 가득 채워놓고 하늘의 장수천인(長壽天人)이 3년에 한 알씩 가지고 가되 전부 없어질 때까지의 기간을 말함.

· **나유타(那由他)** : 1,000만 × 1,000만 = 1 아유다. 1아유다를 백배한 것을 1나유타라고 함. 여러 학설이 있어서 일정하지 않음.

· **정법(正法)** : 부처님의 올바른 가르침이 번성하여 수행과 그 결과로 깨달음을 얻는 시대로 그 기간은 500년과 천년이란 두 가지 설이 있음.

17. 궁극에는 무아(無我)다. 究竟無我分

· **석가모니(釋迦牟尼)** : 불교를 창시한 교조로서 한문으로는 능인적묵(能仁寂默)이라 번역하는데, 석가는 성(姓)이며, 모니는 이름으로서 석가모니란 석가 종족의 성인(聖人)이란 뜻.

· **수기(受記)** : 부처님께서 제자들에게 다음 세상의 어느 때에 성불할 것이라고 예언하는 것.

18. 모든 것을 하나로 볼지어다. 一體同觀分

· **육안(肉眼)** : 중생들의 몸에 있는 눈. → 육신의 눈.

· **천안(天眼)** : 천상에 태어나거나 수행을 해서 얻게 되는 눈. 미세한 사물까지도 멀리 그리고 널리 볼 수 있으며 중생들의 미래도 알 수 있는 눈. → 하늘의 눈.

· **혜안(慧眼)** : 우주의 진리를 확실히 보는 눈. 이 모든 현상계는 텅 비었으며, 모습이 없으며, 조작이 없으며, 생기지도 않았다는 것을 알고서 모든 집착을 떠나 차별적인 모습을 보지 않는 눈. 그렇지만 이 지혜의 눈으로는 평등만을 보기 때문에 중생을 제도하지는 못함.→ 지혜의 눈.

· **법안(法眼)** : 일체법의 모든 차별까지도 환히 들여다보는 눈. 곧 까마귀가 왜 검은지 백로는 왜 하얀지를 속속들이 그 차별을 꿰뚫어 보는 눈 → 진리의 눈.

· **불안(佛眼)** : 모든 법의 참된 성품을 바로 아는 부처님의 눈 → 깨달음의 눈.

※부처님의 눈을 갖추면 육안, 천안, 혜안, 법안을 따로 보지 않고 오

직 여여(如如)한 눈만이 있으니 산하대지 온 우주법계가 그대로 눈이 된다. 그래서 육안이 천안이며, 혜안이며, 법안이며, 부처님의 눈인 것이다.

19. 이치와 현상을 통하도록 할지어다. 法界通化分

20. 육신도 초월하고, 상호도 초월하라. 離色離相分

21. 말해도 말한바가 없다. 非說所說分

· **지혜의 생명(慧命)** : 수보리를 번역하여 혜명이라 부르기도 하는데 지혜를 생명에 비유한 명칭이기에 지혜의 생명이라 번역하였음.

22. 가히 얻을 법은 없도다. 無法可得分

23. 깨끗한 마음으로 옳음을 행하라. 淨心行善分

24. 무엇과도 비교할 수 없는 복과 지혜. 福智無比分

25. 교화하되 교화한 바가 없다. 化無所化分

· **범부(凡夫)** : 번뇌에 얽매여서 생사를 초월하지 못하는 사람.
※어의운하(於意云何)란 말을 빼고 번역한 이유는 따로 밝혔음.

26. 진리의 몸은 모양이 없도다. 法身非相分

· **전륜성왕(轉輪聖王)** : 바퀴를 굴리면서 온 세상을 통치하는 최고의 왕이라는 인도 신화의 왕. 공중으로 날아다니므로 비행황제라고도 함. 전륜성왕 역시 삼십이상을 갖췄다고 한다.

27. 찬 재와 같이 허무한 것이 아니다. 無斷無滅分

· **단멸상(斷滅相)** : 영원히 끊어져서 찬 재와 같이 없다는 치우친 소견. 여기에 반대되는 개념은 항상 있다고 고집하는 상견(常見)이라는 소견임. 금강경에서 강조한 점은 분명히 단견도 상견도 아닌 중도(中道)임을 새겨야 함.

28. 받지도 않고 탐내지도 않는다. 不受不貪分

29. 위엄스런 모습이 고요하여 오고감이 없다. 威儀寂靜分

30. '하나의 합한 모습' 이라는 이치. 一合相理分

31. 안다는 소견을 내지 말지어다. 知見不生分

32. 그 어떤 몸도 진리의 몸이 아니다. 應化非眞分

· **여여부동(如如不動)** : 이 부분이 우리말로 번역하기가 상당히 까다로워 '이러히 한결같이 흔들림이 없을지니.' 로 번역하였는데, 그 뜻을 부연설명하자면 다음과 같다.

번뇌가 끊어진 무심(無心)인 그 자리는 설해도 설함이 없고, 들어도

들음이 없어서 본래부터 어떤 관념도 있을 수 없으며, 언제나 고요하여 유무(有無)를 초월한 자리이다. 결국은 중도의 부동심이 되어 설해주라는 의미.

※ '수보리여! 모든 관념을 취하지 말고–' 에서 수보리는 원본에는 없으나 독송함에 있어 들어가는 것이 훨씬 자연스럽기에 삽입하였음.

· **비구, 비구니, 우바새, 우바이** : 출가한 부처님 제자 중에 남자 스님을 비구라 하고 여자스님은 비구니라 한다. 출가하지 않은 남자 제자를 우바새, 여자 제자를 우바이라 함.

【금강경 제25 화무소화분(化無所化分)에 대한 문제점】

매우 조심스럽다. 빈승이 접한 지식으론 쿠마라지바의 번역 이후 지금까지 그 많은 세월동안 그 누구도 지적하지 않은 부분이라 특히 그렇다. 물론 문맥상 부적절할 뿐 의미상으로는 크게 문제될 것은 없지만 지적하지 않을 수 없는 것도 사실이다. 그 어떤 논쟁도 감수하며 본론으로 들어간다.

「須菩提야 於意云何오 汝等은 勿謂如來가 作是念하되 我當度衆生이라하라. 須菩提야 莫作是念이니~」
(수보리여! 어떻게 생각하는가? 너희들은 여래가 '나는 응당히 중생을 제도하리라.'고 생각한다 이르지 말라. 수보리여! 그런 생각은 하지마라.)

뭔가 이상하지 않은가? 자세히 살펴보자.

금강경 전체 가운데 於意云何(어의운하)가 총 30회가 나온다. 그런데 이 於意云何 다음 문장 끝에는 반드시 不(부)라는 글자가 나오게 되어있다. 곧 於意云何 ~ 不(어떻게 생각하는가? ~ 하지 않은가?) 라는 식으로 되어 있어서 단 한군데도 그렇지 않은 경우가 없다. 물론 오직 한군데 제7분의 '須菩提야 於意云何오 如來가 得阿耨多羅三藐三菩提耶릿가' 에서 부(不)가 아닌 야(耶)가 있긴 하지만 不와 耶는 그 쓰임새가 같다.

본문의 세 군데만 예를 들어보자.

① 須菩提야 於意云何오 東方虛空을 可思量不아.

② 於意云何오 如來가 昔在然燈佛所하야 於法에 有所得不아

③ 須菩提야 於意云何오 若有人이 滿三千大千世界七寶로 以用 布施하면 是人이 以是因緣으로 得福이 多不아

문장이 짧든 길든 관계없이 모두가 이런 식이다. 당연히 그럴 수밖에 없는 것이 '於意云何 ~ 不(어떻게 생각하는가? ~ 하지 않은가?)'는 관용구로 쓰이기 때문이다.

오직 이 25分만이 不(부)란 글자가 빠져 있다.

그런 관계로 '어떻게 생각하는가?' 란 말에 대한 물음이 없이 그냥 끝내는 꼴이다. 마치 '그대는 어떻게 생각하는가? 나는 억지 부리지 않는 사람이다.' 고 끝낸다면 어떨까? 적어도 '그렇지 않은가?' 란 말이 뒤에 따라와야 한다.

그렇기에 당연히 我當度衆生다음에 不자가 붙이서 '我當度衆生不' 라고 해야 맞다. 그렇게 하고서 다시 살펴보자.

「須菩提야 於意云何오 汝等은 勿謂하라 如來가 作是念하되 我當度衆生不아. 須菩提야 莫作是念이니 ~ 」

직역에 가깝게 번역하면,

「수보리여, 어떻게 생각하는가? 너희들은 이르지 말라. 여래가 '내 응당히 중생을 제도하리라.' 고 생각을 짓는가?」

분명히 이상하다. 밑줄부분 '너희들은 이르지 말라' 가 중간에

끼어 있어서는 안 된다는 걸 쉽사리 알 수 있다. 굳이 넣으려면 맨 뒤로 보내야 한다.

곧, 「須菩提야 於意云何오 如來가 作是念하되 我當度衆生不아. 汝等은 勿謂하라 須菩提야 莫作是念이니 ~ 」

(수보리여! 어떻게 생각하는가? 여래가 '나는 응당히 중생을 제도하리라.' 고 이런 생각을 짓는가? 너희들은 그런 말을 하지말지니, 수보리여! 그런 말을 하지 마라.)

이렇게 차라리 맨 뒤에다 '汝等은 勿謂' 란 말을 붙이는 것이 문맥상 맞다. 하지만 이러기엔 아직 석연치 않다. 부(不)란 글자가 빠진 것은 단순 실수라 본다 해도 '汝等은 勿謂' 란 문장까지 순서가 바뀐다는 건 단순한 실수로 볼 수 없기 때문이다. 과연 어떤 것이 쿠마라지바의 본뜻에 부합될까?

그런 취지에서 勿謂란 글자를 잠시 살펴보자. 이 단어는 금강경 전체 가운데 오직 제21 비설소설분(非說所說分)과 여기 25分 두 군데서만 나온다.

21分을 인용하면 다음과 같다.

須菩提야 汝는 勿謂하라 如來가 作是念하되 我當有所說法이라고 莫作是念이니 何以故오 (수보리여! 그대는 여래가 '나는 응당히 설법을 했노라.' 고 생각한다 말하지 말지니, 그런 생각은 하지 말지어다. 어인 까닭인고?)

25分과 거의 같다. 須菩提 다음에 '於意云何'가 빠져 있을 뿐

이다. 여기서는 '於意云何'가 없기 때문에 전혀 문제가 되지 않는다는 걸 쉽게 알 수 있다.

그러면 직역에 충실했던 현장법사의 이 부분에 대한 번역을 보면 어떤가?

'於意云何'에 속하는 '於汝意云何(어여의운하)'란 말이 21分과 25分 두 군데 모두 들어가 있다.

반면에 쿠마라지바는 21分에서 생략하고 있는 것이다. 그런데 왜 25分에서는 집어넣어 문맥에 오류를 범했을까? 참으로 알 수 없는 일이다. 뒷사람의 오류였을까? 아무튼 21分에서 생략했듯이 25分에서도 생략하는 것은 전혀 이상할 것이 없다. 오히려 비슷한 내용상 들어가는 것이 이상하다.

문제가 되었던 25分에서 '於意云何'란 구절만 빼면 문맥은 21分과 서로 통하면서 자연스러워진다.

'於意云何'란 구절을 빼고 교정을 완성하여 정리하면 다음과 같다.

須菩提여 汝等은 勿謂하라 如來가 作是念하되 我當度衆生이라고. 須菩提야 莫作是念이니 何以故오 (수보리여! 그대들은 여래가 '나는 응당히 중생을 제도하리라.'고 생각한다 이르지 말지니, 수보리여! 그런 생각은 하지 말지어다. 어인 까닭인고?)

합리적 결론을 내리자면 분명히 '於意云何'란 구절을 빼지 않을 이유가 전혀 없다는 것이다. 아니, 반드시 빼어야만 한다.

옛것을 귀히 여김도 중요하지만 잘못이 있다면 바로 잡는 것 또한 중요하다 싶어 망설인 끝에 감히 피력하였다.

1600餘年 동안 누구도 문제 삼지 않았다고 반드시 옳은 것일 수는 없다. 틀린 부분은 지금이라도 바로 잡는 것이 후학으로서 당연한 일일 것이다. 혹시 오류가 있을지 모르지만, 빈승의 주장이 옳다면 종단차원에서 의견을 수렴하여 고쳐 주길 바란다.

모악산 자락 불갑사 전일암에서

조계후학 봉곡은 삼가 두 손 모읍니다

경전을 간행하고 독경하는 열가지 이익

1. 전생에 지은 죄업이 곧 소멸되고 무거운 것은 가벼워진다.
2. 항상 선신이 보호하여 삼재팔난에서 벗어난다.
3. 전생의 원수들이 원결을 풀어 보복이 없어진다.
4. 삿된 기운의 침해를 받지 않는다.
5. 몸과 마음이 안락하고 꿈자리가 상서롭다.
6. 의식이 풍족해지고 가정이 화목해진다.
7. 사람들이 친근감을 갖게 되고 대중들의 공경예배를 받게 된다.
8. 지혜가 자라나고 질병이 소멸된다.
9. 장애자로 태어나지 않고 좋은 상호를 갖추게 된다.
10. 임종 후에는 정토에 태어나 열반의 길에 오른다.

금강반야바라밀경

불기 2562(2018)년 6월 15일 인쇄
불기 2562(2018)년 6월 30일 발행

편역인 | 覺雲 봉곡(峰谷)

발행처 | 불갑사 전일암
전남 영광군 불갑면 불갑사로 452-77
☎ 010-5558-4312
Email. mahaya14@hanmail.net

제작처 | 불교서원
광주광역시 동구 동계천로 87
☎ (062)226-3056 · 5056(팩스)

출판등록번호 : 제 105-01-0160호

ISBN 978-89-88442-29-6